GERALDO CHACON

LITERATURA PORTUGUESA E BRASILEIRA

Análise e resumo de obras

Volume 5

Direitos desta edição reservados à

Editora Flâmula Ltda.
Rua Antônio Pestana, 375
06756-010 - Taboão da Serra - SP
Telefax (0xx11) 4708-7606 - 4787-6797

Revisão: Eva Barbosa
Capa: Zepa e Chacon

VISITE NOSSO SITE: **www.editoraflamula.com.br**

PEDIDOS: (0xx11) **4708-7606 - 4787-6797 - 5513-4354**

2002

APRESENTAÇÃO

Este nosso trabalho pretende colaborar com os estudantes que pretendem prestar o próximo vestibular da PUC, analisando as novas obras selecionadas pela banca. Assim como em nossos trabalhos anteriores, procuramos apresentar aqui um levantamento de características das obras e autores analisados, de forma a colaborar com o estudo das referidas criações literárias, desde o tom heróico dos versos de Camões à prosa poética de José de Alencar e à prosa revolucionária, divertida e brincalhona de Mário de Andrade.

Esperamos que nosso trabalho possa não só auxiliá-los na preparação para os exames vestibulares, mas também despertar-lhes o gosto pela leitura das obras desses nomes significativos para nossa história cultural.

Queremos alertar os estudantes para que não fiquem somente presos à leitura das obras, porque isso pode limitá-los e impedir que dêem boas e completas respostas. Para auxiliar no estudo de toda a matéria, recomendamos a leitura de nosso livro ***Síntese da Literatura Portuguesa e Brasileira***, que concentra, em 224 páginas, as informações básicas da nossa literatura desde o século XII até o século XX. Para complementar e nunca para substituir a leitura, é recomendável assistir aos filmes que existem, com base nessas obras. Ver tais adaptações com alguns amigos, após a leitura das obras que lhes deram origem, pode gerar debates enriquecedores que vão solidificar os seus conhecimentos. A adaptação realizada pela Globo a partir do romance *O primo Basílio* é muito boa. O Grupo de Teatro RIA tem apresentado, no teatro Lucas Pardo Filho, alguns trabalhos importantes nesse sentido. Vários textos já foram adaptados pelo diretor José Paulo Rosa.

Geraldo Chacon

SUMÁRIO

OS LUSÍADAS

de Luís Vaz de Camões

por Geraldo Chacon

I – BIOGRAFIA

Assim como Gil Vicente, Shakespeare e outros grandes escritores do passado, também Luís Vaz de Camões apresenta pontos obscuros em sua vida. Até hoje, não dispomos de informações seguras sobre a data exata e o local de nascimento do poeta. Deve ter nascido, provavelmente, por volta de 1525, em Lisboa, Alenquer, Coimbra ou Santarém.

Não há documentos, mas acredita-se que durante sua adolescência o poeta deve ter freqüentado alguma escola na Corte, onde descobre a literatura de grandes autores: o italiano Petrarca, o espanhol Garcilaso, e os clássicos da Antigüidade: Ovídio, Virgílio e Homero.

É lendária a história de um provável envolvimento com D. Maria, filha do rei D. Manuel e irmã de D. João III. Outra história famosa é a de seus amores com Catarina de Ataíde, cujo nome aparece em sua poesia disfarçado na forma de um **anagrama**: **Natércia**[1]. Acredita-se que tais envolvimentos amorosos e os problemas deles conseqüentes teriam levado o poeta a afastar-se da Corte, além de tê-lo motivado a seguir como soldado para Ceuta, em 1549. Em combate, perde um olho, regressando a Lisboa, onde é preso por briga. Isso acontece em 1552, quando o poeta luta com um servidor do Paço, Gonçalo Borges, numa procissão de Corpus Christi. Para não permanecer na prisão, Camões aceita engajar-se nas tropas que servem no Oriente. Em 1553, segue para a Índia e, em 1556, dá baixa e passa a exercer o cargo de "provedor dos bens de defuntos e ausentes" em Macau. Acredita-se que nessa época já estaria compondo sua grande epopéia. Data também desse período outro acontecimento famoso da biografia desse gênio: o naufrágio. Camões estava viajando para Goa com a finalidade de defender-se da acusação de que teria faltado com suas obrigações por interesse ou má-fé. Na foz do rio Mecon, sob intensa tempestade, o navio afunda e o poeta consegue escapar e salvar *Os Lusíadas*, mas, para sua tristeza, perde sua amada Dinamene, escrava e amante, que teria sido comprada por ele na China.

---

[1]Anagrama é a palavra ou frase que se forma a partir da transposição das letras de outra palavra ou frase, como Iracema = América, Oiram = Mário, Amair = Maria.

Há professores que dizem em classe ter sido proposital a opção do poeta ao salvar sua obra, deixando morrer afogada sua amante. Repugna-nos sequer pensar em tal coisa. Podemos acusar Camões de volúvel, mulherengo, jogador, briguento, mas a covardia não parece ter sido um dos seus defeitos. Além disso, é bem provável que não estivessem juntos no momento crítico, pois o poeta, em versos que fez sobre o acontecimento, confessa que não pôde falar com ela, nem vê-la.

Após o naufrágio, Camões é preso em Goa, mas logo libertado. Em 1567, é novamente preso, agora em Moçambique, por dívidas. Mais tarde, é posto em liberdade, mas vive em grandes dificuldades econômicas, até que consegue voltar a Portugal com a ajuda de Diogo Couto. De volta à pátria, em 1569, trata então da publicação de sua obra, procurando um mecenas que o patrocinasse. Camões tenta ninguém menos que o próprio rei, D. Sebastião, a quem dedica sua epopéia. O resultado é positivo. A obra é publicada em 1572 e o poeta passa a receber uma pensão anual de 15.000 réis. Provavelmente, nosso leitor perguntará: mas como morreu o poeta na mais completa miséria em 1580? Não é difícil explicar, basta lembrar-se de que o valente D. Sebastião morreu, ou melhor, desapareceu na famosa batalha de Alcácer-Quibir no ano de 1578, deixando Portugal em verdadeiro caos político e econômico. É praticamente certo que o Tesouro tenha deixado de pagar ao poeta aquilo que lhe era devido.

II – BIBLIOGRAFIA

TÍTULO	GÊNERO	MODELO
Os Lusíadas	épico	Virgílio
Rimas	lírico	Petrarca
Filodemo / Anfitriães	dramático	Gil Vicente

III – ESTILO DE ÉPOCA E ESTILO INDIVIDUAL

A Itália foi o berço do Renascimento e, conseqüentemente, do Classicismo. Em Portugal, toma-se como ano inicial do Classicismo o de 1527, com o retorno de Sá de Miranda da Itália, o qual de lá importa as novas idéias estéticas (doce estilo novo) e principalmente o verso decassílabo (medida nova).

O Renascimento é o estudo e a utilização das informações e da visão de mundo da Antigüidade greco-latina em todas as áreas do conhecimento humano. O Classicismo é esse renascimento no mundo das artes.

No século XVI, evidencia-se a ascensão da burguesia, que favorece estudos e pesquisas, principalmente se direcionados para a descoberta de um caminho marítimo para o Oriente. Por isso, acontece uma significativa evolução técnica e científica, fazendo surgir o astrolábio, a bússola, a imprensa, barcos mais potentes e velozes, como a caravela. Tem início assim a expansão marítima. Esse século parece ter sido o da expansão. Há uma expansão mental, geográfica e até religiosa, pois surge o movimento reformista, retirando da Igreja Católica o seu domínio inquestionável durante a Idade Média.

O século XVI, em virtude da descoberta e do estudo da cultura da Antigüidade greco-romana, supervalorizou o racional, o equilibrado e o harmônico, a técnica formal e a vida mundana, em detrimento da vida ascética e mística. Esse elemento profano, muitas vezes associado ao paganismo ou ao hedonismo, pode ser visto na valorização dos corpos em diversas pinturas, que se enriqueceram com a novidade da perspectiva, gerando uma ilusão de maior realismo. O hedonismo (busca do prazer), a valorização do humano (antropocentrismo) e o paganismo podem ser encontrados também na Literatura, sendo um bom exemplo disso o episódio Ilha dos Amores da epopéia camoniana.

A preocupação com o racional, equilíbrio e harmonia, tanto pode ser encontrada nos **sonetos**[2] de Camões, quanto em A Mona Lisa de Da Vinci. O homem renascentista, como resultado de seu avanço tecnológico, científico, cultural, torna-se antropocêntrico, ou seja, passa a perceber o homem como centro do Universo, revelando grande segurança existencial. A retomada dos padrões clássicos da Antigüidade greco-latina leva à busca do equilíbrio e da perfeição. São também importantes o esteticismo ou formalismo, a busca de harmonia e o universalismo.

A mitologia greco-latina, ou seja, o emprego estético do paganismo no lugar dos elementos cristãos, predomina em muitas das várias produções artísticas nas diversas áreas, mas muitas vezes convive harmoniosamentre com a herança cristã, que não desaparece, apenas passa a ser abordada através de outra perspectiva. Esse fusionismo pode ser visto nos seguintes versos de Camões:

"Desta arte, enfim, conformes já as formosas
Ninfas[3] co'os seus amados navegantes,
Os **ornam**[4] de capelas deleitosas
De louro e de ouro e flores abundantes,
As mãos alvas lhe davam como esposas;
Com palavras formais e estipulantes
Se prometem eterna companhia
Em vida e morte, de honra e alegria". (Camões, *Os Lusíadas*, IX, estrofe 84)

[2] O soneto é um poema de forma fixa, composto de 14 versos, organizados em dois quartetos e dois tercetos, segundo o modelo italiano. O soneto clássico é constituído de versos decassílabos, podendo ser heróicos (com tônica na sexta sílaba) ou sáficos (com tônica na quarta e na oitava sílabas).

[3] Divindades fabulosas protetoras das águas e dos montes.

[4] O mesmo que "enfeitam".

Vejam que os quatro primeiros versos demonstram uma ligação entre homens e mulheres dentro do espírito pagão, pois enfeitar a cabeça com coroa de flores era costume dos primitivos rituais do deus Baco. Já os quatro versos seguintes fazem lembrar o cerimonial católico, tanto pelo termo "esposas" quanto pela formalidade e pela indissolubilidade dos laços matrimoniais, "eterna companhia".

IV - INTRODUÇÃO

Costumamos dizer que o gênero lírico caracteriza-se por ser a expressão dos sentimentos subjetivos, enquanto o épico, mais objetivo, é a narração de acontecimentos que marcaram a memória de um povo. Não há separação radical e absoluta já que, pelo poema épico, perpassam sopros de lirismo, como no caso do episódio da morte de Inês de Castro na epopéia camoniana.

Os Lusíadas é a obra épica mais importante de todo o século XVI. Nada mais foi produzido no Ocidente nesse período que se lhe compare. O gênero épico é, talvez, o mais solene e pomposo produzido pela Antigüidade. A epopéia é um longo poema narrativo, dotado de um herói que é a síntese dos anseios de um povo. Ele é esse povo e o representa. Assim é Ulisses na *Odisséia,* de Homero, e Eneas, na *Eneida,* de Virgílio, a quem Camões particularmente imita. Outro modelo tomado por Camões foi **Ariosto**[5]. Pode ser que ele não tenha imitado diretamente esse autor, que primeiro empregou a oitava-rima. É mais provável que Camões tenha encontrado essa forma no espanhol Garcilaso de la Vega, que também fez uso dela.

É comum aos poemas épicos uma longa viagem pelo mar, batalhas e banquetes. Camões não deixou de fora qualquer um desses elementos heróicos. Vasco da Gama, em sua longa viagem, conta batalhas famosas como a de Aljubarrota, e, no final, participa de um banquete com as próprias deusas da mitologia greco-romana, num clima em que desponta o **maravilhoso**[6].

V – DIVISÃO E ESTRUTURA

A obra é composta de 1.102 estrofes denominadas oitava-rima, por serem estrofes compostas de oito versos decassílabos rimados, utilizando o esquema de rima ABABABCC, isto é, o primeiro rima com o terceiro e com o quinto, enquanto o segundo rima com o quarto e sexto. O sétimo rima com o oitavo.

O poema divide-se em dez cantos e apresenta cinco partes importantes:

[5] Autor de *Orlando Furioso.*

[6] Ocorre o maravilhoso na obra literária quando aparecem elementos sobrenaturais que não suscitam nenhuma reação particular nas personagens.

1. **Proposição** (canto I) - É a proposta ou o objetivo do poema. Nele o poeta propõe-se a exaltar as glórias e conquistas portuguesas.

"As armas e os **Barões assinalados**[7]
Que, da Ocidental praia Lusitana,
Por mares nunca de antes navegados
Passaram ainda além da **Taprobana**,[8]
Em perigos e guerras esforçados,
Mais do que prometia a força humana,
E entre gente remota edificaram
Novo Reino, que tanto sublimaram;

E também as memórias gloriosas
Daqueles Reis que foram dilatando
A Fé, o Império, e as terras viciosas
de África e de Ásia andaram devastando,
E aqueles que por obras valerosas
Se vão da lei da Morte libertando:
Cantando espalharei por toda parte,
Se a tanto me ajudar o engenho e arte.

Cessem do sábio **Grego**[9] e do T**roiano**[10]
As navegações grandes que fizeram;
Cale-se de Alexandre e de Trajano
A fama das vitórias que tiveram;
Que eu canto o peito ilustre Lusitano,
A quem Netuno e Marte obedeceram.
Cesse tudo o que a **Musa antiga**[11] canta,
Que outro valor mais alto se alevanta."

2. **Invocação** (canto I) - Invoca a proteção das Tágides, ninfas (deusas das águas) protetoras do rio Tejo, para realizar o seu intento.
"E vós, Tágides minhas, pois criado
Tendes em mim um novo engenho ardente,

---

[7] Varões ilustres, homens distintos, fidalgos que se evidenciaram.
[8] Ceilão.
[9] Refere-se a Ulisses, herói do poema épico de Homero, famoso pela sua esperteza. Sábio está aqui no sentido de sabido.
[10] O troiano é o príncipe Eneas, personagem de *Eneida,* a epopéia de Virgílio.
[11] Em linguagem figurada, alusão aos clássicos da Antigüidade. Podemos entender como "Literatura antiga".

Se sempre em **verso humilde**[12] celebrado
Foi de mim vosso rio alegremente,
Dai-me agora um som alto e sublimado,
Um estilo grandíloquo e corrente,
Por que de vossas águas Febo ordene
Que não tenham inveja às de **Hipocrene**[13]

Dai-me uma fúria grande e sonorosa,
E não de agreste avena ou frauta ruda,
Mas de tuba canora e belicosa,
Que o peito acende e a cor ao gesto muda;
Dai-me igual canto aos feitos da famosa
Gente vossa, que a Marte tanto ajuda;
Que se espalhe e se cante no Universo,
Se tão sublime preço cabe em verso."

3. **Dedicatória** (canto I) - O poeta dedica a obra a D. Sebastião, rei de Portugal.
"Vós, poderoso Rei, cujo alto Império
O Sol, logo em nascendo, vê primeiro;
Vê-o também no meio do Hemisfério,
E quando desce o deixa derradeiro;
Vós, que esperamos **jugo** e **vitupério**[14]
Do torpe Ismaelita cavaleiro,
Do Turco Oriental e do Gentio
Que inda bebe o **licor**[15] do **santo Rio**[16]:"

4. **Narração** (do canto I ao X) - É o corpo da epopéia, a parte mais extensa, na qual narra-se toda a História de Portugal e de seu povo, mas apenas do ponto de vista da nobreza ("Barões assinalados", "peito ilustre", "memórias gloriosas daqueles Reis").

"Já no largo Oceano navegavam,
As inquietas ondas apartando;
Os ventos brandamente respiravam,
Das naus as velas côncavas inchando;
Da branca escuma os mares se mostravam

[12] Referência aos versos líricos com que já havia louvado anteriormente o rio Tejo.
[13] Alusão às ninfas da *Eneida* de Virgílio
[14] Jugo significa autoridade, domínio, e vitupério quer dizer ofensa, injúria.
[15] O termo *licor* está no sentido geral de líquido, tomado do latim *liquorem*.
[16] Refere-se ao rio Ganges. Segundo os brâmanes, suas águas lavam os pecados e purificam a alma.

Cobertos, onde as proas vão cortando
As marítimas águas consagradas,
Que do gado de Próteu são cortadas,
(...)
Tão brandamente os ventos os levavam
Como quem o Céu tinha por amigo;
Sereno o ar e os tempos se mostravam
Sem nuvens, sem receio de perigo.
O promontório Prasso já passavam
Na costa da Etiópia, nome antigo,
Quando o mar, descobrindo, lhe mostrava
Novas ilhas, que em torno cerca e lava.

Vasco da Gama, o forte Capitão,
Que a tamanhas empresas se oferece,
De soberbo e de altivo coração,
A quem Fortuna sempre favorece,
Para se aqui deter não vê razão,
Que inabitada a terra lhe parece.
Por diante passar determinava,
Mas não lhe sucedeu como cuidava."

5. **Epílogo** (canto X) - É a conclusão ou encerramento do poema. Segue a principal estrofe da conclusão, demonstrando o cansaço e a desilusão do poeta diante do desinteresse de sua gente e do estado de decadência que sua pátria já prenuncia.

"No mais, Musa, **no mais**[17] que a lira tenho
Destemperada[18] e a voz enrouquecida,
E não do canto, mas de ver que venho
Cantar a gente surda e endurecida.
O favor com que mais se acende o engenho
Não no dá a pátria, não, que está metida
No gosto da cobiça e na rudeza
Duma austera, apagada e vil tristeza." [19]

[17] O mesmo que "não mais".

[18] O mesmo que desafinada. Ainda hoje, no interior do Brasil, os violeiros, quando vão afinar a viola, dizem que vão temperar.

[19] Há nesse final um tom profético e pessoal, como o que o poeta apresenta em uma carta, pouco antes de morrer, em que diz algo mais ou menos assim "...sou tão patriota que sinto não só que morro na minha pátria, mas morro com ela". Esse tom destoa do carácter objetivo, histórico e universal da poesia épica. Como em todo gênio, no entanto, nada disso embaça o brilho desse grande poema, que apresenta a imagem do homem europeu renascentista, sintetizada no português.

VI – RESUMO DA OBRA

A base principal da narrativa é a viagem empreendida por Vasco da Gama à Índia, ou às Índias, como se dizia então. Principia o relato com as caravelas já em alto mar, navegando pelo Oceano Índico.[20] Realiza-se o concílio dos deuses no Olimpo, e Vênus consegue sobrepujar Baco, obtendo permissão de Júpiter para que os lusos prossigam seu caminho de aventura e de vitória. Baco deseja evitar a realização da viagem por temer que os portugueses levem o cristianismo à sua terra de origem, impedindo seu culto.

Concílio dos Deuses (I, 20-41)

"Já no largo Oceano navegavam,
As inquietas ondas apartando;
Os ventos brandamente respiravam,
Das naus as velas côncavas inchando;
Da branca escuma os mares se mostravam
Cobertos, onde as proas vão cortando
As marítimas águas consagradas,
Que do gado de Próteu são cortadas,

Quando os Deuses do Olimpo luminoso,
Onde o governo está da humana gente,
Se ajuntam em concílio glorioso,
Sobre as cousas futuras do Oriente.
Pisando o cristalino Céu fermoso,
Vêm pela Via Láctea juntamente,
Convocados, da parte de **Tonante**,[21]
Pelo neto **gentil**[22] do velho Atlante.

Deixam dos Sete Céus o regimento,
Que do Poder mais alto lhe foi dado,
Alto poder, que só co'o pensamento
Governa o Céu, a Terra e o Mar irado.
Ali se acharam juntos, num momento,
Os que habitam o **Arcturo**[23] congelado

[20] Esse é um dos aspectos indicados como imitação de Virgílio, pois, também na *Eneida*, começa o relato com o herói no mar.

[21] Refere-se ao deus Júpiter Trovejante, pois ele é o senhor dos trovões e dos relâmpagos.

[22] Refere-se ao deus Mercúrio, ou Hermes, mensageiro dos deuses, filho de Maia, que era filha de Atlante.

[23] Norte. Arcturo é o nome da estrela que fica na cauda da Ursa, constelação dita vulgarmente Boieiro.

E os que o **Austro**[24] têm e as partes onde
A Aurora nasce e o claro Sol se esconde.

Estava o **Padre**[25] ali, sublime e **dino**[26],
Que vibra os feros raios de **Vulcano**,[27]
Num assento de estrelas cristalino,
Com gesto alto, severo e soberano.
Do rosto respirava um ar divino,
Que divino tornara um corpo humano;
Com ua coroa e **cetro**[28] **rutilante**[29],
De outra pedra mais clara que diamante.

Em luzentes assentos, **marchetados**[30]
De ouro e de **perlas**[31], mais abaixo estavam
Os outros Deuses, todos assentados
Como a Razão e a Ordem concertavam:
Precedem os antigos, mais honrados,
Mais abaixo os menores se assentavam;
Quando Júpiter alto, assim dizendo,
C'um tom de voz começa grave e horrendo:"

Em seu discurso, trata o deus do grande valor da forte gente de **Luso**[32], ou seja, os portugueses, louvando suas vitórias contra os mouros e contra os castelhanos. Fala ainda dos grandes nomes de homens corajosos como **Viriato**[33], que foram precursores dos valentes portugueses atuais. E assim, continua Júpiter a relembrar feitos importantes dos lusitanos até as dificuldades e perigos da aventura presente, julgando que merecem, portanto, agasalho na costa africana e direito de prosseguir na viagem de descoberta. Os deuses todos tomam a palavra, falando por ordem, diferindo uns dos outros em opinião. Baco, particularmente, revela-se contra, pois teme que seus feitos no Oriente sejam

---

[24] Sul.
[25] Júpiter (ou Zeus), o pai dos deuses.
[26] O mesmo que digno. A gutural "g" havia desaparecido na passagem do latim para o português.
[27] Vulcano, ou Hefestos, divindade subterrânea que fabrica os raios para Júpiter.
[28] Cajado, vara, símbolo antigo e provavelmente universal de mando, de governança.
[29] Brilhante.
[30] Marcados, embutidos. Quer dizer que os tronos estavam cravejados de ouro e pérolas.
[31] Forma sincopada de pérolas.
[32] Luso, também chamado Lysa, é figura mitológica, filho de Baco, que teria fundado a Lusitânia e dado origem aos lusos, isto é, aos portugueses.
[33] Pastor da serra da Estrela que comandou os lusitanos contra os romanos, vencendo generais como Apimano e Cesarão. Viriato foi morto durante o sono por dois traidores.

esquecidos caso chegue lá a lusitana gente. Em contrapartida, Vênus defende os portugueses, mas a opinião que mais pesa, no final, é de seu amante, o deus da guerra, Marte. Este explica que Baco está falando contra os portugueses por inveja, motivo pelo qual o pai dos deuses não lhe deve dar atenção. Finalmente, conclui o deus da guerra:

"E tu, Padre de grande fortaleza,
Da determinação que tens tomada
Não tornes por detrás, pois é fraqueza
Desistir-se da cousa começada.
Mercúrio, pois excede em ligeireza
Ao vento leve e à seta bem talhada,
Lhe vá mostrar a terra onde se informe
Da Índia, e onde a gente se reforme."

Ouvindo isso, Júpiter consente no que diz Marte e dispensa a todos, espalhando sobre eles o néctar divino. Todos se retiram, fazendo reverências e, enquanto isso, os portugueses já cortam o mar entre a costa da Etiópia e a famosa ilha de São Lourenço, hoje Madagáscar.

Os portugueses chegam a Moçambique, livrando-se de ciladas armadas por Baco, graças à ajuda de Vênus. Novas traições em Mombaça, mas os lusitanos superam os problemas e aportam em Melinde. O rei de Melinde vem à nau capitânia e solicita a Vasco da Gama que lhe conte a história de seu país. Aqui se faz uma retrospectiva, um mergulho no passado, começando Gama por narrar a fundação da Lusitânia por Luso, filho de Baco. Depois, conta a história de D. Henrique de Borgonha e continua com outros fatos históricos conhecidos, como o episódio de Egas Moniz, as batalhas de Ourique e de Salado. Quebrando esses fatos bélicos, mais heróicos, portanto, também mais épicos, insere-se nesse ponto da narrativa um relato de elevado teor lírico, o episódio de Inês de Castro.

Inês de Castro (III, 118-135)

"Passada esta tão próspera vitória,
Tornado Afonso à lusitana terra,
A se lograr da paz com tanta glória
Quanta soube ganhar na dura guerra,
O caso triste e dino da **memória**
Que do sepulcro os homens desenterra,[34]
Aconteceu da mísera e **mesquinha**[35]
Que despois de ser morta foi rainha.[36]

---

[34] Quer dizer que a memória (sujeito) desenterra os homens (objeto direto) do sepulcro, ou seja, imortaliza-os. Trata-se de um hipérbato, ou seja, inversão dos termos da oração.

[35] Mesquinha está aqui no sentido de fraca, pobre, indefesa.

[36] D. Pedro prova com testemunhas arranjadas que era casado com Inês de Castro, declarando-a rainha depois

Tu, só tu, puro amor, com força crua,
Que os corações humanos tanto obriga,
Deste causa à molesta morte sua,
Como se fora pérfida inimiga.
Se dizem fero Amor, que a sede tua
Nem com lágrimas tristes se mitiga,
É porque queres, áspero e tirano,
Tuas **aras**[37] banhar em sangue humano.

Estavas, linda Inês, posta em sossego,
De teus anos colhendo, doce fruito,
Naquele engano da alma **ledo**[38] e cego,
Que a **Fortuna**[39] não deixa durar muito,
Nos saüdosos campos do Mondego,
De teus fermosos olhos nunca enxuito,
Aos montes ensinando e às ervinhas
O nome que no peito escrito tinhas." (p.310)

Continua a narração descrevendo o grande amor que unia Inês e D. Pedro, o qual, contrariando os desejos do pai, evitava casar-se. Aborrecido, D. Afonso IV determina a morte de Inês para libertar seu filho que a ela está preso. Passa o narrador a descrever a cena da prisão de Inês, que é trazida ao rei, amarrada, na presença de seus filhos.

"Do teu Príncipe ali te respondiam
As lembranças que na alma lhe moravam,
Que sempre ante seus olhos te traziam,
Quando dos teus fermosos se apartavam;
De noite, em doces sonhos que mentiam,
De dia, em pensamentos que voavam;
E quanto, enfim, cuidava e quanto via,
Eram tudo memórias de alegria.

---

de morta para, com isso, legitimar os filhos, dando-lhes direito à sucessão do trono. Mas não é verdade que tenha mandado colocar o corpo no trono e obrigado toda a corte a beijar-lhe a mão, pois Inês foi degolada e enterrada em Coimbra no ano de 1355. Posteriormente, em 1361, seus restos mortais foram transladados para Alcobaça e novamente enterrados com todas as honras de uma rainha. Após seis anos, não é possível que se tenha alguma coisa íntegra para colocar sobre o trono.

[37] Ara é o altar pagão, em que se realizavam os sacrifícios às divindades.

[38] Ledo quer dizer alegre.

[39] Fortuna é o mesmo que fado, sorte ou destino. Vem grafada com letra maiúscula, assim como Amor, porque na Antigüidade acreditavam que todas eram divindades que dirigiam nossas vidas.

De outras belas senhoras e princesas
Os desejados **tálamos**[40] enjeita,
Que tudo, enfim, tu, puro amor, desprezas
Quando um gesto suave te sujeita.
Vendo estas namoradas estranhezas
O velho pai **sesudo**[41] , que respeita
O murmurar do povo e a fantasia
Do filho, que casar-se não queria.

Tirar Inês ao mundo determina,
Por lhe tirar o filho que tem preso,
Crendo co'o sangue só da morte indina
Matar do firme amor o fogo aceso.
Que furor consentiu que a espada fina
Que pôde sustentar o grande peso
Do furor mauro, fosse alevantada
Contra uma fraca dama delicada?

Traziam-na os horríficos algozes
Ante o Rei, já movido a piedade:
Mas o povo, com falsas e ferozes
Razões, à morte crua o persuade.
Ela, com tristes e piedosas vozes,
Saídas só da mágoa e saüdade
Do seu Príncipe e filhos, que deixava,
Que mais que a própria morte a magoava,

Pera o céu cristalino alevantando
Com lágrimas, os olhos piedosos,
(Os olhos, porque as mãos lhe estava atando
Um dos duros ministros rigorosos).
E depois nos meninos atentando,
Que tão queridos tinha e tão mimosos,
Cuja orfandade como mãe temia,
Para o avô cruel assi dizia:

---

[40] Leito conjugal, podendo ser empregado figuradamente como a relação amorosa ou casamento.

[41] O mesmo que sisudo, sério, grave, circunspecto.

'Se já nas brutas feras, cuja mente
Natura fez cruel de nascimento,
E nas aves agrestes, que somente
Nas rapinas aéreas tem o intento,
Com pequenas crianças viu a gente
Terem tão piedoso sentimento,
Como co'a a **mãe de Nino** já mostraram[42]
E co'os **irmãos que Roma edificaram**:[43]

Ó tu, que tens de humano o **gesto**[44] e o peito
(Se de humano é matar uma donzela
Fraca e sem força[45], só por ter sujeito
O coração a quem soube vencê-la),
A estas criancinhas tem respeito,
Pois o não tens à morte escura dela;
Mova-te a piedade sua e minha,
Pois te não move a culpa que não tinha.

E se, vencendo a **maura resistência**,[46]
A morte sabes dar com fogo e ferro,
Sabe também dar vida, com clemência,
A quem para perdê-la não fez erro.
Mas, se to assim merece esta inocência,[47]
Põe-me em perpétuo e mísero desterro,
Na Cítia fria ou lá na Líbia ardente,
Onde em lágrimas viva eternamente."

Nas estrofes que você lerá, a bela Inês suplica que o rei a coloque em lugares selvagens, pois talvez encontre piedade entre as feras, já que não encontrou entre os homens, porque assim poderá ao menos criar os filhos de D. Pedro, netos do rei, que seriam o refrigério da mãe. O rei, comovido, quis conceder-lhe a vida, mas acabou dominado pela opinião geral. Os que pretendem a morte de Inês arrancam das espadas e a executam.

---

[42] Camões deve ter feito alguma confusão. Semirâmis, rainha da Assíria, a quem está se referindo, era esposa de Nino. Conta a lenda que ela foi abandonada na floresta para morrer, mas foi salva pelas aves.

[43] Outra lenda popular. É conhecida a história de que os irmãos Rômulo e Remo foram criados por uma loba. Os meninos foram amamentados pela mulher do pastor Fáustolo, de nome Laurentia, mas apelidada "loba", pela sua conduta sexual.

[44] Quer dizer que tem o aspecto físico de ser humano, mas, logo a seguir, entre parênteses, questiona essa aparência pela essência, pois não é humano matar uma jovem indefesa.

[45] Pleonasmo, figura de linguagem para dar maior vigor à expressão.

[46] Maura resistência é o mesmo que resistência dos mouros ou árabes.

[47] Quer dizer: "Se minha inocência merece isso (clemência, vida) de ti, então me mande para os piores lugares do mundo, ou o mais frio, ou o mais quente".

"Põe-me onde se use toda a feridade,
Entre leões e tigres, e verei
Se neles achar posso a piedade
Que entre peitos humanos não achei.
Ali, co'o amor intrínseco e vontade
Naquele por quem mouro, criarei
Estas relíquias suas que aqui viste,
Que refrigério sejam da mãe triste.

Queria perdoar-lhe o Rei benino,
Movido das palavras que o magoam;
Mas o pertinaz povo e seu destino
(Que desta sorte o quis) lhe não perdoam.
Arrancam das espadas de aço fino
Os que por bom tal feito ali apregoam.
Contra uma dama, ó peitos carniceiros,
Feros vos amostrais e cavaleiros?

Qual contra a linda moça **Policena**[48],
Consolação extrema da mãe velha.
Porque a sombra de Aquiles a condena,
Co'o ferro o duro Pirro se aparelha;
Mas ela, os olhos com que o ar serena
(Bem como paciente e mansa ovelha)
Na mísera mãe postos, que endoudece,
Ao duro sacrifício se oferece:

Tais contra Inês os brutos matadores,
No colo de alabastro, que sustinha
As obras com que Amor matou de amores
Aquele que depois a fez rainha,
As espadas banhando, e as brancas flores,[49]
Que ela dos olhos seus regadas tinha,

---

[48] Policena era filha do rei troiano Príamo. Dela se enamorou o inimigo Aquiles, que teve seu pedido de casamento recusado. Quando Aquiles matou Heitor, irmão de Policena, e o pai foi reclamar o corpo do filho, o herói grego fez novo pedido, desta vez aceito. Durante a cerimônia, Páris traiçoeiramente desfechou uma flecha contra o único ponto vulnerável de Aquiles, o calcanhar, matando-o. Os gregos então sacrificaram Policena. O filho de Aquiles, Pirro, degolou-a. Hécuba, a mãe de Policena, presente no momento da execução da filha, não resiste à dor e enlouquece. Há outras versões, mas Camões optou por essa que é a defendida por Ovídio e Eurípides.

[49] Imagens altamente líricas e cinematográficas, como "closes", pois servem para destacar o sangue sujando as espadas e manchando as flores, que Inês já tinha molhado com suas lágrimas.

Se encarniçavam, férvidos e irosos,
No futuro castigo não cuidosos.[50]

Bem puderas, ó Sol, da vista destes,
Teus raios apartar aquele dia,
Como da seva mesa de Tiestes,
Quando os filhos por mão de Atreu comia!
Vós, ó côncavos vales, que pudestes
A voz extrema ouvir da boca fria,
O nome do seu Pedro, que lhe ouvistes,
Por muito grande espaço repetistes."

Encerra o narrador Gama, fazendo um retrato de Inês morta:

"**Assi**[51] como a bonina que cortada
Antes do tempo foi, cândida e bela,
Sendo das mãos **lascivas**[52] maltratada
Da menina que a trouxe na capela,
O cheiro traz perdido e a cor murchada:
Tal está, morta, a pálida donzela,
Secas do rosto as rosas e perdida
A branca e viva cor, co'a doce vida."[53]

Vasco da Gama continua a narração resumindo a atuação severa e punitiva de D. Pedro ao assumir o trono, tanto contra os ministros responsáveis pela morte de Inês, quanto contra ladrões, adúlteros e assassinos. Comenta-se ainda que, desse duro e justo rei, nasce o brando D. Fernando, que põe em risco a pátria, pois *um fraco Rei faz fraca a forte gente.*

O canto IV trata da ascensão ao trono do filho bastardo de D. Pedro I, D. João I, legítimo herdeiro, que mata os parentes do adúltero Conde de Andeiro,

---

[50] Referência ao terrível castigo que D. Pedro aplicou aos ministros responsáveis pela morte de Inês. Quem narra o episódio com crua beleza é o cronista Fernão Lopes. D. Pedro manda o carrasco retirar o coração de um deles, com machado, pelas costas. Depois, manda fazer o mesmo com o outro, retirando o coração pela frente.

[51] Assim.

[52] A palavra está aqui no seu sentido original, inquietas ou irrequietas, pois no latim, *lascivus*, *lasciva*, quer dizer inquieto.

[53] Numa comparação de elevada força lírica, o narrador diz que, ao perder a vida, Inês perdeu também a cor, ficando pálida como a bonina, que também teve sua vida ceifada para ser colocada na capela.

amante da rainha ainda quando D. Fernando era vivo. D. Leonor faz vir contra a Lusitânia o rei de Castela, seu genro, alegando que o trono cabe por direito a sua filha. Trava-se a luta. Os lusitanos vencem, graças à valentia de D. Nuno Álvares, intrépido guerreiro, e à coragem do rei D. João, que luta bravamente.

Conta-se, em seguida, a história de D. Manuel que tem um sonho profético em que o rio Ganges revela que ele deve dar início às viagens marítimas. Assim, são feitos os preparativos da viagem do Gama. Na partida, surge um velho que prevê desgraças e infortúnios para os navegantes.[54] A fala terrível do velho do Restelo estende-se da estrofe 94 até a 104 do Canto IV.

O Velho do Restelo (IV, 94-104)

"Mas um velho, de **aspeito venerando**[55] ,
Que ficava nas praias, entre a gente,
Postos em nós[56] os olhos, meneando
Três vezes a cabeça, descontente,
A voz pesada um pouco alevantando,
Que nós no mar ouvimos claramente,
C'um saber só de experiências feito,
Tais palavras tirou do experto peito:

'Ó glória de mandar, ó vã cobiça
Desta vaidade a quem chamamos Fama!
Ó fraudulento gosto, que se atiça
C'uma aura popular, que honra se chama!
Que castigo tamanho, e que justiça
Fazes no peito vão que muito te ama!
Que mortes, que perigos, que tormentas,
Que crueldades neles exprimentas!

Dura inquietação d'alma e da vida,
Fonte de desemparos e adultérios,

---

[54] Este é o famoso episódio conhecido como O Velho do Restelo. Nele estão resumidas as queixas e críticas que o povo fazia às expedições marítimas, das quais muita gente não regressava.
[55] Um velho que tinha o aspecto (aspeito) respeitável, digno de veneração (venerando).
[56] O pronome plural remete ao narrador, Vasco da Gama, que está contando sua viagem ao rei de Melinde. Note que, em seguida, ele cede a voz ao velho, que passa a criticar os navegantes e as grandes navegações, assim como o desejo de progresso. O velho encarna uma postura conservadora, reacionária e não deve ser tomada como uma posição do poeta Camões, que em diversos outros momentos do poema, como na proposição e na dedicatória, louva os empreendimentos portugueses. Um teste da Fuvest, no ano passado, contrariou essa opinião, que é defendida pela maioria dos críticos.

Sagaz consumidora conhecida
De fazendas, de reinos e de impérios!
Chamam-te ilustre, chamam-te subida,
Sendo dina de infames vitupérios;
Chamam-te Fama e Glória soberana,
nomes com quem se[57] o povo néscio engana!

Prossegue seu discurso, criticando os navegantes por buscarem inimigos tão longe, enquanto outros crescem às portas de Portugal. Com a lamentação do velho, Camões sintetiza a visão de uma parcela da sociedade portuguesa, constituída principalmente por aqueles que sempre realizam a parte mais pesada dos trabalhos, mas que jamais ficam com os resultados quando estes são positivos. Para o povo, tais expedições eram tão desastrosas quanto uma guerra, pois muitos não regressavam à pátria. Para os que ganhavam luto e perdiam bens, as grandes navegações não eram uma necessidade do país e só serviam à vaidade dos reis. O velho do Restelo explode, finalmente, contra quem primeiro buscou dominar as águas:

"Oh! Maldito o primeiro que, no mundo,
Nas ondas vela pôs em **seco lenho**[58]!
Digno da eterna pena do **Profundo**[59],
Se é justa a justa Lei que sigo e tenho!
Nunca juízo algum alto e profundo,
Nem cítara sonora ou vivo engenho,
Te dê por isso fama nem memória,
Mas contigo se acabe o nome e glória!

Trouxe o **filho de Jápeto**[60] do céu
O fogo que ajuntou ao peito humano[61],
Fogo que o mundo em armas acendeu.
Em mortes, em desonras (grande engano)!

---

[57] O pronome "quem" refere-se aos termos "Fama e Glória", e "se" a povo, significando então que o povo ignorante engana a si próprio com a visão de que fama e glória são valores positivos.

[58] Lenho está no lugar de navio, caracterizando aqui uma metonímia, figura de linguagem que consiste no emprego de um termo no lugar de outro por uma relação de contigüidade. Lenho é a matéria-prima com que se faz o navio.

[59] Merecedor de sofrimento eterno no Inferno. Até hoje, é possível ouvir algumas pessoas do interior dizerem "nas profundas dos infernos".

[60] O filho de Jápeto é Prometeu.

[61] Segundo a mitologia, Prometeu formou o homem do barro e com o fogo de Zeus (Júpiter) deu-lhe vida.

Quanto melhor nos fora, Prometeu,
E quanto pera o mundo menos dano,
Que a **tua estátua ilustre**[62] não tivera
Fogo de altos desejos que a movera!

Não cometera o **moço miserando**
O carro alto do pai[63], nem o ar vazio
O grande **arquitector co'o filho**[64], dando,
Um, nome ao mar, e, o outro, fama ao rio.
Nenhum cometimento alto e nefando
Por fogo, ferro, água, calma e frio.
Deixa intentado a humana geração.
Mísera sorte! Estranha condição!'"

Dando prosseguimento ao seu relato, Vasco da Gama narra no canto IV os fatos do início de sua viagem, como o *Fogo de Santelmo*, a aventura de Veloso e o famoso episódio do *Gigante Adamastor* (Canto V, 37 a 59) que representa o Cabo das Tormentas, podendo ser considerado como uma prosopopéia, pois dá vida a um acidente geográfico. O gigante faz previsões de grandes naufrágios e conta sua história, dizendo que foi um dos Titãs que moveram guerra contra os deuses. Revela ainda que se apaixonou por Tétis, filha de Dóris, a quem ele chama de princesa das águas. Ao ver tal deusa nua, passeando pela praia, correu o gigante a abraçá-la, mas, para castigo seu, descobriu que o que parecia a deusa era um simulacro e seu corpo foi se transformando em rocha.

"Converte-se-me a carne em terra dura;
Em penedos os ossos se fizeram;
Estes membros que vês, e esta figura,
Por estas longas águas se estenderam:
Enfim, minha grandíssima estatura
Neste remoto cabo converteram
Os deuses; e, por mais dobradas mágoas,
Me anda Tetis cercando destas águas.

Assi contava; e, c'um medonho choro,
Súbito d'ante os olhos se apartou.

---

[62] O homem, em linguagem figurada, pois foi criado com barro como uma estátua. Temos aqui uma espécie de perífrase.
[63] Referência a Faetonte, que roubou o carro do sol e, por imperícia, quase incendiou a Terra.
[64] Referência a Dédalo (construtor do labirinto de Creta) e seu filho, Ícaro, que voou com asas de cera, imitando o pai.

Desfez-se a nuvem negra, e c'um sonoro
Bramido muito longe o mar soou.
Eu, levantando as mãos ao santo coro
Dos anjos, que tão longe nos guiou,
A Deus pedi que removesse dos duros
Casos, que Adamastor contou futuros." (p.422)

Termina Vasco da Gama sua longa narração, com a sua chegada em Melinde. Parte a armada de Vasco da Gama e enfrenta uma calmaria, provocada por Baco. Durante esse tempo em que nada se pode fazer, conta-se o caso dos Doze de Inglaterra. Baco atiça os ventos contra os barcos portugueses, fazendo desabar grande tempestade, mas Vênus, sempre atenta, envia ninfas amorosas que seduzem e acalmam os ventos enfurecidos. Assim, os portugueses conseguem prosseguir em sua viagem, chegando a Calecute, fim da rota, onde desembarca Vasco da Gama. O Capitão é recebido pelo Samorim, e o Catual ouve de Paulo da Gama o significado das figuras desenhadas nas bandeiras. Cumprida a missão, os portugueses retornam à sua pátria, mas não sem antes serem premiados por Vênus, que, em uma ilha maravilhosa, dispõe, já devidamente orientadas para servir aos portugueses, lindas deusas. Quando os portugueses aí desembarcam para ver se encontram algo para comer, são surpreendidos pelos gritos feminis e pela visão espantosa. Quem primeiro vê as deusas e não pode conter seu grito de admiração é Veloso.

"Sigamos estas Deusas e vejamos
Se fantásticas são, se verdadeiras.
Isto dito, veloces mais que gamos,
Se lançam a correr pelas ribeiras.
Fugindo as Ninfas vão por entre os ramos,
Mas, mais **industriosas**[65] que ligeiras,
Pouco e pouco, sorrindo e gritos dando,
Se deixam ir dos **galgos**[66] alcançando.

Duma os cabelos de ouro o vento leva,
Correndo, e da outra as fraldas delicadas;
Acende-se o desejo, que se **ceva**[67]
Nas alvas carnes, súbito mostradas.
Uma de indústria cai, e já releva,

[65] Hábeis, astutas.

[66] Metáfora de forte conotação sensual para indicar os portugueses que correm atrás das fêmeas com desejo e gana tão fortes como cães que partem babando atrás da sua caça.

[67] O mesmo que "alimenta".

Com mostras mais macias que indinadas,
Que sobre ela, **empecendo**[68], também caia
Quem a seguiu pela arenosa praia.

Outros, por outra parte, vão topar
Com as Deusas despidas, que se lavam;
Elas começam súbito a gritar,
Como que assalto tal não esperavam.
Umas, fingindo menos estimar
A vergonha que a força, se lançavam
Nuas por entre o mato, aos olhos dando
O que às mãos cobiçosas vão negando.

Outra, como acudindo mais depressa
À vergonha da Deusa caçadora,
Esconde o corpo n'água; outra se apressa
Por tomar os vestidos que tem fora.
Tal dos mancebos há que se arremessa,
Vestido assim e calçado (que, coa **mora**[69]
De se despir, há medo que inda tarde)
A matar na água o fogo que nele arde.

(...)

Oh! Que famintos beijos na floresta,
E que mimoso choro que soava!
Que afagos tão suaves, que ira honesta,
Que em risinhos alegres se tornava!
O que mais passam na manhã e na sesta,
Que Vênus com prazeres inflamava,
Melhor é exprimentá-lo que julgá-lo;
Mas julgue-o **quem não pode experimentá-lo**[70]."

É aí, na Ilha dos Amores, que se realiza um maravilhoso banquete no qual se descortina o futuro de Portugal. A rainha das ninfas, Tétis, leva Vasco da Gama a um monte (promontório), e mostra-lhe a máquina do mundo, explicando-lhe como funciona o universo, valendo-se do sistema de Ptolomeu. Descreve também a Terra e a série de países e mares que os lusos descobririam mais tarde.

[68] Criando dano ou mal.

[69] Demora.

[70] Ironicamente, o poeta diz que seria melhor se pudéssemos ter participado dessa orgia, mas já que não foi possível, podemos pelo menos ter o prazer de ler e imaginar como foi agradável.

VII – SÍNTESE DO RESUMO

A narrativa começa quando a armada de Vasco da Gama já está no canal de Moçambique. Nesse instante, acontece o Concílio dos Deuses no Olimpo (presença do maravilhoso pagão) no qual Baco manifesta-se contrário aos empreendimentos portugueses, por ciúme e medo de perder seu domínio sobre os povos pagãos do Oriente, mas Vênus e Marte procuram defender os interesses dos lusos junto a Júpiter. Vênus, filha de Júpiter, apaixonara-se pelo heroísmo e grandeza do povo lusitano e faz de tudo para ajudar seus protegidos contra a ira do vingativo Baco.

Os portugueses atingem Melinde, cujo rei pede a Vasco da Gama e este lhe conta a História de Portugal desde sua fundação até seus feitos recentes. A armada parte para Calecute, na Índia, conseguindo chegar após enfrentar e se livrar de uma tempestade provocada por Baco.

No final da viagem, quando estão retornando a Portugal, os lusos deparam com uma ilha paradisíaca, repleta de belas mulheres. Na verdade, são divindades devidamente orientadas por Vênus para se submeterem ao amor dos navegantes. Essa é uma recompensa aos bravos viajantes pelas lutas e fadigas.

VIII – ESTRUTURA DA OBRA

Camões respeitou as regras da epopéia clássica nessa obra, mas acabou inserindo episódios que em tudo podem ser considerados líricos, principalmente pela carga emotiva que procuram despertar no leitor, mas que em nada depreciam ou minimizam a epopéia. Os episódios líricos notáveis são: A Morte de Inês de Castro, O Velho do Restelo, O Gigante Adamastor e A Ilha dos Amores.

Poema do gênero épico que tem como modelo *A Eneida,* de Virgílio, e, no aspecto formal, *Orlando, Furioso,* de Ariosto. É uma epopéia de contornos nitidamente clássicos, respeitando e valorizando os aspectos formais mais tradicionais. Como tal, é uma obra de grande porte, dividida em dez cantos, empregando 1.102 estrofes de oito versos (oitava-rima), num total de 8.816 versos decassílabos.

IX – PRINCIPAIS TEMAS

O eixo narrativo é a viagem de Vasco da Gama, mas o tema central é a exaltação da nação portuguesa ("que outro valor mais alto se alevanta"). Camões parte da viagem do Gama, mas acaba narrando toda a História de Portugal. Por isso, o verdadeiro herói é o povo português, "o peito ilustre lusitano".

Paralelamente, encontramos o tema da valentia e da coragem, da crítica à covardia e à indignidade, da valorização da palavra dada (como no caso do episódio de Egas Moniz) e do amor que não se deixa vencer (de que é exemplo o episódio da morte de Inês de Castro). Subjaz a todo o texto a temática da eterna ansiedade humana por novas conquistas para superar a própria sensação de pequenez, conferindo ao texto um interesse universal.

Não podia ficar de fora o elogio do Cristianismo, que serve, ideologicamente, de justificativa para a expansão marítima:

> "E também as memórias gloriosas
> Daqueles Reis que foram dilatando
> A Fé, o Império, e as terras viciosas
> de África e de Ásia andaram devastando".

BIBLIOGRAFIA CONSULTADA

Camões, Luís Vaz de. *Os Lusíadas*. RJ: Edições de Ouro, 1968. Utilizado para citações.

IRACEMA

de José de Alencar
por Geraldo Chacon

I – BIOGRAFIA

José Martiniano de Alencar nasceu em Mecejana, Ceará, em 1829. Formou-se em Direito pela Faculdade do Recife, mas esteve algum tempo na Faculdade de Direito de São Paulo, onde fundou uma revista semanal de *Ensaios Literários*. Ao terminar o curso, retornou ao Rio, colaborando diariamente com o jornal *O Correio Mercantil.*

Em 1856, publicou seu primeiro romance, *Cinco Minutos*, uma historinha água-com-açúcar. Em 1857, escreveu e publicou na forma de folhetim o romance *O Guarani.* Esse romance é uma atualização da epopéia, como se com ele estivesse dizendo que, no século XIX, na literatura romântica e burguesa, não havia mais espaço para a epopéia em versos.

Alencar candidatou-se a deputado pelo Partido Conservador pelo Ceará e foi eleito. Em 1861, estreou na política. Em 1868, ocupou o cargo de ministro da Justiça. No ano seguinte, candidatou-se a senador pelo Ceará, tendo sido o mais votado, mas viu seu nome ser vetado pelo imperador. A partir de então, dedicou-se inteiramente à literatura.

Viajou para a Europa, em 1877, em busca de tratamento de saúde, pois havia contraído tuberculose, doença incurável naquele tempo. No mesmo ano, retornou ao Rio, onde faleceu. Estava com 48 anos, e, embora ainda jovem, deixou-nos uma obra ficcional importantíssima. Além dos romances, legou-nos também algumas peças de teatro, como o drama *Mãe* e a comédia *Demônio Familiar.*

II – BIBLIOGRAFIA

Destacaremos apenas os romances, segundo a ordem cronológica de publicação: *Cinco minutos* (1856), *A viuvinha* e *O guarani* (1857), *As minas de prata* (1862/6), *A viuvinha* (1860), *Lucíola* (1862), *Diva* (l864), *Iracema* (1865), *O gaúcho* (1870) e *A pata da gazela* (1870), *O tronco do ipê* (1871), *A guerra dos Mascates* (1871-1873), *Sonhos d'ouro* e *Til* (1872), *Alfarrábios* (1873), *Ubirajara* (1874), *Senhora* (1875), *O sertanejo* (1875) e *Encarnação* (1893).

III – INTRODUÇÃO

Iracema é um romance lírico e trágico, que pode ser classificado tanto como indianista quanto histórico. Em virtude da beleza plástica e lírica de sua linguagem, pode também ser classificado como um poema em prosa. Alencar é o verdadeiro criador dos nossos primeiros heróis legendários, que não puderam despontar na poesia nem na epopéia de Gonçalves de Magalhães e Gonçalves Dias. Peri, Ubirajara, Poti, Iracema, assim como os brancos Arnaldo (*O sertanejo*) e Estácio (*As minas de prata*) nascem da carência de um desejo, consciente ou não, ideal de heroísmo e pureza da sociedade brasileira de seu tempo, necessitada de acreditar em si própria, embora na realidade sinta-se desajustada, presa a recentes lutas de crescimento político e a um regime de trabalho baseado na escravidão, contrariando paradoxalmente o grande ideal de liberdade da estética romântica. Usamos para citação o exemplar: Alencar, José de. *Iracema.* 1988, RJ: Livraria Francisco Alves Editora S.A.

IV – RESUMO DO ENREDO

Capítulo 1

Verdes mares bravios de minha terra natal, onde canta a **jandaia**[1] *nas frondes da* **carnaúba**[2].

Verdes mares que brilhais como líquida esmeralda aos raios do sol nascente, perlongando as alvas praias ensombradas de coqueiros;

Serenai, verdes mares, e alisai docemente a vaga impetuosa para que o barco aventureiro manso resvale à flor das águas.

Onde vai a afoita jangada, que deixa rápida a costa cearense[3], *aberta ao fresco* **terral**[4] *a grande vela?*

Onde vai como branca **alcíone**[5] *buscando o rochedo pátrio, nas solidões do oceano?*

---

[1] Segundo a tradição, Ceará significa "canto da jandaia" na língua indígena.

[2] Encontramos aqui um caso de apóstrofe, ou seja, vocativo, que se repete nos dois parágrafos seguintes, com o narrador dirigindo-se aos mares e pedindo-lhe que fiquem calmos para que o barco aventureiro possa viajar tranqüilo.

[3] Já no primeiro capítulo fica explícito o local da ação: Ceará.

[4] Vento que sopra da terra em direção ao mar.

[5] O mito grego de Alcíone é muito bonito. Filha de Eólo e esposa de Ceíce, que viajou, morrendo afogado. Ao tentar afogar-se também, ela subitamente se viu elevada por asas no ar, pousando depois sobre o peito do marido morto. Com pena, os deuses deram a ele uma nova vida na forma de uma ave: alcião. As alcíones e os alciões vivem ainda hoje um terno amor e um perene casamento.

Três entes respiram sobre o frágil lenho que vai singrando veloce, mar em fora.

Um jovem guerreiro cuja tez branca não cora o sangue americano[6] *; uma criança e um* **rafeiro**[7] *que viram a luz no berço das florestas e brincam irmãos, filhos ambos da mesma terra selvagem.*

A lufada intermitente traz da praia um eco vibrante, que ressoa entre o marulho das vagas:

Iracema[8] *!*

O moço guerreiro, encostado ao mastro, leva os olhos presos na sobra fugitiva da terra; a espaços o olhar, empanado por tênue lágrima cai sobre o **jirau**[9] *, onde folgam as duas inocentes criaturas, companheiras de seu infortúnio.*

Nesse momento o lábio arranca d'alma um **agro**[10] *sorriso.*

Que deixara ele na terra do exílio?

Uma história que me contaram nas lindas várzeas onde nasci, à calada da noite, quando a lua passeava no céu argenteando os campos, e a brisa **rugitava**[11] *nos palmares.*

Refresca o vento.

O rulo das vagas precipita. O barco salta sobre as ondas e desaparece no horizonte. Abre-se a imensidade dos mares, e a borrasca enverga, como o condor, as foscas asas sobre o abismo.

Deus[12] *te leve a salvo, brioso e altivo barco, por entre as vagas revoltas, e te poje nalguma enseada amiga! Soprem para ti as brandas auras, e para ti jaspeie a bonança mares de leite*[13] *!*

Enquanto vogas assim à discrição do vento, airoso barco, volva às brancas areias a saudade que te acompanha, mas não se parte da terra onde revoa. (p.15)

---

[6] Perífrase de homem branco.

[7] O mesmo que cão, embora o termo rafeiro indique um animal treinado para a guarda do gado.

[8] "Em guarani significa lábios de mel, de *ira*, mel; e *tembe*, lábios. Tembe, na composição, altera-se em *ceme*..." Nota do autor.

[9] Espécie de estrado na jangada, onde se acomodam os passageiros.

[10] Acre, azedo, ácido, duro.

[11] Neologismo: fazer ruído. Termo criado por Alencar, que assim se justifica: *É um verbo de minha composição para o qual peço vênia. Filinto Elísio criou ruidar, de ruído.* Atualmente o termo já está registrado em dicionário.

[12] Presença do Cristianismo, uma das características do Romantismo.

[13] Temos aqui um exemplo de hipérbato, que se caracteriza pela inversão dos termos da oração: *e a bonança jaspeie mares de leite para ti.*

Comentários

Observem a grande quantidade de parágrafos muito curtos, quase versos, e a profusão de adjetivos, de figuras de linguagem e a riqueza do vocabulário de Alencar.

A cena descrita é um momento presente, como se o narrador a tivesse presenciando neste exato instante, tanto que se dirige à embarcação, tratando-a como um ser vivo, humano (prosopopéia) e invocando a proteção divina para ela e seus ocupantes. O segundo capítulo, numa retrospectiva ou *flashback* conta o que aconteceu antes disso, respondendo assim às interrogações que abrem o relato. Traço também peculiar à estética romântica é o suspense, conseguido aqui por Alencar pelas interrogações, que despertam e prendem o interesse do leitor, que procurará nos capítulos seguintes as respostas esperadas.

Capítulo 2

Além, muito além daquela serra, que ainda azula no horizonte, nasceu Iracema.

Iracema, a virgem dos lábios de mel, que tinha os cabelos mais negros que a asa da ***graúna***[14] *e mais longos que seu talhe de palmeira.*

*O favo-da-****jati***[15] *não era doce como seu sorriso; nem a baunilha recendia no bosque como seu hálito perfumado.*

Mais rápida que a ema selvagem, a morena virgem corria o sertão e as matas do Ipu, onde campeava sua guerreira tribo, da grande nação ***tabajara***[16]*. O pé grácil e nu, mal roçando, alisava apenas a verde* ***pelúcia***[17] *que vestia a terra com as primeiras águas.*

Um dia, ao pino do sol, ela repousava em um claro da floresta. Banhava-lhe o corpo a sombra da ***oiticica***[18]*, mais fresca do que o orvalho da noite. Os ramos da acácia silvestre* ***esparziam***[19] *flores sobre os úmidos cabelos. Escondidos na folhagem, os pássaros ameigavam o canto.*

---

[14] Conhecido pássaro de plumagem negra brilhante. O autor comenta em nota explicativa que o nome vem por corrupção de *guirá*, pássaro; e *una*, abreviação de *pixuna*, preto.

[15] Pequena e mansa abelha que fabrica fino e delicioso mel.

[16] O termo *jara* quer dizer senhor, daí que *tabajara* significa os senhores da taba.

[17] Pelúcia é um tecido macio, felpudo de um dos lados. Aqui está empregado no lugar de grama, para dar a idéia de suavidade. Temos então uma metáfora.

[18] Árvore frondosa.

[19] O mesmo que espalhavam, derramavam ou espargiam.

*Iracema saiu do banho; o **aljôfar**[20] d'água ainda a roreja, como à doce **mangaba**[21] que corou em manhã de chuva. Enquanto repousa, empluma das penas do **gará**[22] as flechas de seu arco: e concerta com o sabiá da mata, pousado no galho próximo, o canto agreste.* (pp.15/6)

Comentário
É patente nesse fragmento o predomínio da comparação, valendo-se de elementos da natureza. Essa característica levou o sociólogo Gilberto Freyre a comentar que em Alencar encontramos índios quase vegetais em sua natureza. Percebemos a perfeita integração da índia à natureza principalmente pelo fato de os pássaros suavizarem o canto, a acácia cobri-la de flores e por ela harmonizar seu canto com o do sabiá.

Um rumor suspeito desperta a índia de seu estado de equilíbrio e harmonia com o mundo natural. Sua vista perturba-se por ver à sua frente uma figura de homem, mas de cor nunca vista, *tem nas faces o branco das areias que bordam o mar, nos olhos o azul triste das águas profundas.* Acrescente-se a isso a presença de roupas e armas estranhas. Pensa a índia que poderia até ser algum mau espírito da floresta. *Foi rápido, como o olhar, o gesto de Iracema. A flecha embebida no arco partiu. Gotas de sangue borbulham na face do desconhecido.* O primeiro gesto do homem foi levar a mão à espada, mas lembrou-se de que sua mãe, religiosa, ensinou-lhe a ver na mulher um símbolo de amor e ternura. O narrador onisciente comenta que: *sofreu mais d'alma que da ferida.* A expressão de seu rosto comove tanto a selvagem, que ela atira fora o arco e corre a tratar do ferimento. Depois, quebrou a flecha e entregou ao desconhecido a haste, guardando consigo a ponta farpada, em sinal de paz. O guerreiro pergunta:

– Quebras comigo a flecha da paz?

– Quem te ensinou, guerreiro branco, a linguagem de meus irmãos? Donde vieste a estas matas, que nunca viram outro guerreiro como tu?

– Venho de bem longe, filha das florestas. Venho das terras que teus irmãos já possuíram (litoral) *e hoje têm os meus.*

– Bem-vindo seja o estrangeiro aos campos dos tabajaras, senhores das aldeias, e à cabana de Araquém, pai de Iracema. (p.16)

---

[20] O significado primordial é "pérolas miúdas", mas aqui está no sentido metafórico de gotas de água.

[21] Fruta polposa e doce.

[22] Ave paludial, mais conhecida como guará.

Capítulo 3

O estrangeiro seguiu a virgem através da floresta até sua cabana, onde o Pajé Araquém meditava sobre os sagrados ritos de Tupã, enquanto fumava. A índia apresenta o visitante e o pai passou para ele o cachimbo dizendo: *Veio bem. É Tupã que traz o hóspede à cabana de Araquém.* Servem comida ao hóspede e Iracema traz água fresca da fonte para o estrangeiro lavar o rosto e as mãos. O Pajé deixa claro seu respeito pelo hóspede: *Foi a Tupã que o Pajé serviu; ele te trouxe, ele te levará. Araquém nada fez pelo hóspede; não pergunta donde vem e quando vai. Se queres dormir, desçam sobre ti os sonhos alegres; se queres falar, teu hóspede escuta.* Por honestidade, o estrangeiro quer deixar clara sua identidade:

– Sou dos guerreiros brancos, que levantaram a taba nas margens do Jaguaribe, perto do mar, onde habitam os pitiguaras, inimigos de tua nação. Meu nome é Martim, que na tua língua quer dizer filho de guerreiro; meu sangue, o do grande povo que primeiro viu as terras de tua pátria. Já meus destroçados companheiros voltaram por mar às margens do Paraíba, de onde vieram; e o chefe, desamparado dos seus, atravessa agora os vastos sertões do Apodi. Só eu de tantos fiquei, porque estava entre os pitiguaras de Acaracu, na cabana do bravo Poti, irmão de Jacaúna, que plantou comigo a árvore da amizade. Há três sóis partimos para a caça; e, perdido dos meus, vim aos campos dos tabajaras. (p.17)

Capítulo 4

Iracema, segundo o costume dos índios, traz várias jovens para servir Martim. Ele, no entanto, confessa à virgem que só ela desperta seu interesse, mas a filha de Araquém explica que esse é um desejo impossível: *Estrangeiro, Iracema não pode ser tu serva. É ela que guarda o segredo da jurema e o mistério do sonho. Sua mão fabrica para o Pajé a bebida de Tupã.*

O guerreiro cristão, aborrecido, retira-se para o escuro da mata. Ao afastar-se da tribo é surpreendido pela jovem índia que o repreende por partir sem receber, como é costume dos índios, o presente da volta. Ela pede que Martim espere, pelo menos, a volta de seu irmão: *Guerreiro branco, espera que Caubi volte da caça. O irmão de Iracema tem o ouvido sutil que pressente a* ***boicininga***[23] *entre os rumores da mata; e o olhar do* ***oitibó***[24] *que vê melhor nas trevas. Ele te guiará às margens do rio das garças.*

---

[23] Cascavel. O termo é formado de *bóia*, cobra; mais *cininga*, que quer dizer chocalho.

[24] Ave noturna semelhante à coruja, também chamada de noitibó.

Martim deixa-se convencer pelos argumentos de Iracema e volta à cabana de Araquém, dormindo em uma rede, que Iracema perfumara com resina de **benjoim**[25]. Enquanto ele dorme, ela suspira entre os murmúrios da floresta.

Comentário

Notem que assim como as antigas vestais, Iracema deve permanecer virgem porque ocupa o lugar de sacerdotisa de Tupã. Logo, o objeto desejado por Martim está marcado pelo selo da proibição. Vejam depois que, inteligentemente, o autor vale-se da própria bebida do culto para permitir a transgressão. Iracema, no entanto, pagará pela falta.

Capítulo 5

Há um clima de proximidade de guerra contra os pitiguaras. Os tabajaras estão esperando a volta de seu chefe, Irapuã, que chega ao romper do dia. Ao convocar todos para a luta, Irapuã atira seu tacape, arma de guerra, no meio do campo. Nisso, o velho Andira (cujo nome significa morcego), irmão do Pajé, pisa no tacape, calcando-o no chão com pé ágil e firme. Com esse gesto, demonstra não aprovar a luta. O velho explica sua atitude:

– Andira, o velho Andira, bebeu mais sangue na guerra do que já beberam cauim nas festas de Tupã todos quantos guerreiros alumia agora a luz de seus olhos. Ele viu mais combates em sua vida do que luas lhe despiram a fronte. Quanto crânio de potiguara escalpelou sua mão implacável, antes que o tempo lhe arrancasse o primeiro cabelo? E o velho Andira nunca temeu que o inimigo pisasse a terra de seus pais; mas alegrava-se quando ele vinha e sentia com o faro da guerra a juventude renascer no corpo decrépito, como a árvore seca renasce com o sopro do inverno. A nação tabajara é prudente. Ela deve encostar o tacape da luta para tanger o ***membi***[26] *da festa. Celebra, Irapuã, a vinda dos emboabas e deixa que cheguem todos aos nossos campos. Então Andira te promete o banquete da vitória.*

Irapuã não aceita o argumento do velho Andira, ofendendo-o com palavras duras.

[25] Aqui está designando resina de planta aromática, funcionando como incenso.
[26] Flauta.

Capítulo 6

Martim passeia e contempla o ocaso do sol. Iracema vendo a tristeza do guerreiro branco supõe que ele deve estar com saudades de alguma noiva que teria deixado em sua terra. Mas ela se engana, ele sofre porque já está apaixonado por ela. Iracema leva-o então para o bosque da Jurema, com o intuito de dar-lhe da bebida sagrada: "*A alegria voltará logo à alma do guerreiro branco, porque Iracema quer que ele veja antes da noite a noiva que o espera*". Ele julgou-a ingênua, porque não sabia do poder da bebida. Mal a virgem pôs em sua boca as gotas do licor sagrado, Martim sentiu o peso de um sono de morte, mas logo a luz invadiu seus sonhos: volta à terra natal, encontra a mãe, revê a menina de seus namoros infantis. Rapidamente, no entanto, volta o guerreiro branco ao seio da mata e procura em seus sonhos a filha do Pajé. Suspira o nome de Iracema e a índia deixa-se prender em seus braços e se beijam. O sonho e a realidade se fundem. "*Súbito a virgem tremeu; soltando-se rápida do braço que a cingia, travou do arco.*"

Capítulo 7

Era Irapuã, que a procurava sorrateiro. Iracema barra sua passagem. O guerreiro enciumado ameaça:

"*– O coração aqui no peito de Irapuã ficou tigre. Pulou de raiva. Veio farejando a presa. O estrangeiro está no bosque, e Iracema o acompanhava. Quero beber-lhe o sangue todo; quando o sangue do guerreiro branco correr nas veias do chefe tabajara, talvez o ame a filha de Araquém.*"

A virgem defende o estrangeiro:

"*– O guerreiro branco é hóspede de Araquém. A paz o trouxe aos campos do Ipu, a paz o guarda. Quem ofender o estrangeiro ofende o Pajé.*"

Irapuã tenta ainda alcançar o homem branco, mas Iracema o ameaça com seu arco e o guerreiro sentiu que se a atingisse com sua arma estaria ferindo a si próprio. Por isso, retirou-se vencido.

Capítulo 8

Martim acorda, sem lembranças dos sonhos que tivera. Ao sair do bosque, encontra Iracema que ainda vigiava o local com ar de grande tristeza. Ela diz que ficará triste com sua partida e ele a conforta, acolhendo-a em um abraço:

"*– Teu hóspede fica, virgem dos olhos negros; ele fica para ver abrir em tuas faces a flor da alegria e para sorver, como o colibri, o mel de teus lábios.*" Ela se solta e diz com tristeza:

"*– Guerreiro branco, Iracema é filha do Pajé e guarda o segredo da* *jurema. O guerreiro que possuísse a virgem de Tupã morreria."* E explica que ela teria o mesmo fim. Nisso, volta à taba o irmão de Iracema.

Capítulo 9

Martim vai à caba de Araquém, acompanhado de Iracema e seu irmão, e comunica seu desejo de partir. O Pajé concorda e pede à filha: *Filha de Araquém, escolhe para teu hóspede o presente da volta e prepara o* **moquém**[27] *da viagem. Se o estrangeiro precisa de guia, o guerreiro Caubi, senhor do caminho, o acompanhará.*

Partem. Caubi vai à frente. Iracema acompanha o guerreiro branco. Ambos estão tristes. A noite aproxima-se. Iracema pede a Martim que se despeça dela:

– Estrangeiro, toma o último sorriso de Iracema... e foge!

A boca do guerreiro pousou na boca mimosa da virgem. Ficaram ambos assim unidos como dois frutos gêmeos do araçá, que saíram do seio da mesma flor.

A voz de Caubi chamou o estrangeiro. Iracema abraçou, para não cair, o tronco de uma palmeira. (p.25)

Capítulo 10

Algum tempo depois, Iracema volta à sua cabana e encontra sua ará, que tinha sido esquecida por ela com a chegada do homem branco. *A gente tupi a chamava jandaia, porque, sempre alegre, estrugia os campos com seu canto fremente. Mas agora, triste e muda, desdenhada de sua senhora, não parecia mais a linda jandaia, e sim o feio urutau que somente sabe gemer.* (p.26) Enquanto isso, o Pajé medita, silencioso. Ouve-se lá fora o canto da inhuma. Iracema agita-se, pois esse é o grito de guerra de seu irmão. Parte em desabalada carreira e encontra na floresta os guerreiros liderados por Irapuã, desafiados por Caubi, que defende Martim contra todos.

A filha de Araquém debalde rogava ao cristão, debalde o cingia nos braços, buscando arrancá-lo ao combate. De seu lado Caubi em vão provocava Irapuã para atrair a si a raiva do chefe.

A um gesto de Irapuã, os guerreiros afastaram os dois irmão: o combate prosseguiu.

De repente o rouco som da **inúbia**[28] *reboou pela mata; os filhos da serra estremeceram reconhecendo o estrídulo do búzio guerreiro dos*

---

[27] Comida, composta de carne defumada.

[28] Espécie de trombeta de guerra.

pitiguaras, senhores das praias, ensombradas de coqueiros. O eco vinha da grande taba, que o inimigo assaltava já.

Os guerreiros precipitaram levando por diante o chefe. Com o estrangeiro só ficou a filha de Araquém.

Capítulo 11

Os guerreiros chegam à taba e não encontram nenhum inimigo. Buscam em volta, pela mata e também nada encontram. Achando que tudo devia ser algum golpe de Iracema, Irapuã dirige-se à cabana de Araquém. Lá, encontra o Pajé, sua filha e o guerreiro branco.

– Araquém, a vingança dos tabajaras espera o guerreiro branco; Irapuã veio buscá-lo.

– O hóspede é amigo de Tupã; quem ofender o estrangeiro ouvirá rugir o trovão.

– O estrangeiro foi quem ofendeu a Tupã, roubando a sua virgem, que guarda os sonhos da jurema.

– Tua boca mente como o ronco da ***jibóia***[29]*, exclamou Iracema.*

Martim disse:

– Irapuã é vil e indigno de ser chefe de guerreiros valentes!

O Pajé falou grave e lento:

– Se a virgem abandonou ao guerreiro branco a flor de seu corpo, ela morrerá; mas o hóspede de Tupã é sagrado: ninguém o ofenderá; Araquém o protege. (p.27)

Nisso entra Andira, armado, e ameaça Irapuã, mas Araquém interfere, impedindo a luta. Para intimidar e afastar o chefe, ameaça-o com a voz de Tupã. Araquém avança até o meio da cabana, ali ergue uma grande pedra e calca o pé com força no chão; súbito, abre-se a terra. Do antro profundo sai um medonho gemido que parecia arrancado das entranhas do rochedo. Irapuã afasta-se. Pouco depois, também o Pajé afasta-se, dizendo que precisa aplacar a ira de Tupã. Iracema e Martim conversam. Ele tenta evitar a jovem. Ela sente-se magoada. Ele justifica-se:

– Não ouves, virgem formosa? Exclamou ele, apontando para o antro fremente.

---

[29] O nome dessa cobra é composto por *bóia*, cobra, mais *ji*, machado, por causa do bote que ele desfere como se fosse o golpe de um machado.

– É a voz de Tupã!

– Teu deus falou pela boca do Pajé: "Se a virgem de Tupã abandonar ao estrangeiro a flor de seu corpo, ela morrerá!" Iracema deixou pender a fronte abatida:

– Não é a voz de Tupã que ouve teu coração, guerreiro de longes terras, é o canto da virgem loura que te chama!

O rumor estranho que saía das profundezas da terra, apagou-se de repente; fez-se na cabana tão grande silêncio, que ouvia-se pulsar o sangue na artéria do guerreiro e tremer o suspiro no lábio da virgem." (p.28)

Capítulo 12

Vem a noite e o Pajé volta à cabana, fechando com a pedra a boca da caverna. Caubi volta da floresta sem ter visto sinal dos pitiguaras. Iracema serve a comida, mas só Caubi consegue comer. Os demais perdem a fome por causa da tristeza e dos problemas. O irmão de Iracema parte e Martim ouve o canto de uma gaivota. O guerreiro branco explica para Iracema que o canto da gaivota é o grito de guerra de seu amigo Poti. Tenta sair, mas ela, por receio do perigo, não deixa e propõe: *Iracema irá ao encontro do chefe pitiguara e trará a seu hóspede as falas do guerreiro amigo.*

Capítulo 13

Avança a filha de Araquém nas trevas; pára e escuta. Iracema localiza Poti e fala com ele. Atendendo seu pedido, conta tudo o que aconteceu desde que Martim por ali aparecera. Poti pede que ela traga Martim até onde ele está, mas interrompe o diálogo ao ouvir sons suspeitos. *O valente Poti, resvalando pela relva, como o ligeiro camarão de que ele tomara o nome e a viveza, desapareceu no lago profundo. A água não soltou um murmúrio, e cerrou sobre ele sua onda límpida.* (p.31)

A virgem retorna à cabana. Seu pai sai e ela pode contar a Martim, em segurança, toda a conversa que teve com Poti. Momentos depois, vem Caubi com a notícia de que os guerreiros tabajaras, embriagados de cauim, vêm contra o guerreiro. Iracema pede que ele levante a pedra que tapa a boca do antro e nele entra levando Martim pela mão.

Capítulo 14

Caubi defende a porta da cabana. Irapuã chega irado, mas pára ao ouvir o ronco que vem do interior da caverna. *Levantam os guerreiros medonho alarido, e, cercando seu chefe, o arrebatam ao funesto lugar e à cólera de Tupã.* (p.32) Dentro da caverna, Iracema e Martim ouvem a voz de Poti: *Antes que o sol se levante na serra, o guerreiro do mar deve partir para as margens do ninho das garças; a estrela morta o guiará às alvas praias. Nenhum tabajara o seguirá, porque a inúbia dos pitiguaras rugirá da banda da serra.* (p.32) Poti explica que veio só, mas enviou o seu cão fiel ao grande **Jacaúna**[30]. Iracema propõe que Poti não toque a inúbia, já que está só e sugere outro plano:

– Que fará a virgem tabajara para salvar o estrangeiro e seu irmão? Perguntou Martim.

– A lua das flores vai nascer. É o tempo da festa, em que os guerreiros tabajaras passam a noite no bosque sagrado e recebem do Pajé os sonhos alegres. Quando estiverem todos adormecidos, o guerreiro branco deixará os campos de Ipu, e os olhos de Iracema, mas sua alma, não. Martim explicou a Poti o plano da virgem e ele concordou, dizendo: *A sabedoria falou pela boca da virgem tabajara. Poti espera o nascimento da lua.* (p. 33)

Capítulo 15

Nasce e expira o dia. Martim embala-se docemente na rede sob os olhares meigos de Iracema. Oscilando como a rede está o afeto de Martim, ora pensando na loira distante, ora na morena ali perto. Súbito, o guerreiro branco tem uma inspiração:

– Virgem formosa do sertão, esta é a última noite que teu hóspede dorme na cabana de Araquém, onde nunca viera para teu bem e seu. Faze que seu sono seja alegre e feliz. (p.34) Embora magoada, pois pensa que ele quer sonhar com a loira, Iracema parte, voltando pouco depois com o licor sagrado. Martim arrebatou o frasco e bebeu as gotas do verde e amargo licor: *Agora podia viver com Iracema e colher em seus lábios o beijo, que ali viçava entre sorrisos como o fruto na corola da flor. Podia amá-la e sugar desse amor o mel e o perfume, sem deixar veneno no seio da virgem.*

Martim, em seu sonho, abre os braços e chama pelo nome de Iracema, que corre e aninha-se em seus braços, realizando o ato de amor proibido. Martim, ao acordar, afasta a moça de si com palavras amargas: *Os beijos de Iracema são doces no sonho; o guerreiro branco encheu deles sua alma. Na vida, os lábios da virgem de Tupã amargam e doem como o espinho da jurema.*[31] Iracema esconde no peito o segredo de sua ventura e afasta-se

[30] O nome Jacaúna é formado de jaca (abreviatura de jacarandá) e una, que quer dizer preto. Então o seu nome significa jacarandá-preto. Em nota do autor aparece que se trata de célebre chefe amigo de Martim Soares Moreno, portanto, é também personagem histórico.

[31] Isso demonstra que Martim não tem consciência se as sensações que viveu eram realidade.

tímida e rápida. *As águas do rio banharam o corpo casto da recente esposa. Tupã já não tinha sua virgem na terra dos tabajaras.* (p.34)

Capítulo 16

Nasce a lua e os índios, segundo seus costumes, lançam uma chuva de flechas para o céu. Araquém e sua filha preparam o mistério da Jurema. Cada guerreiro, ao chegar, depõe uma oferenda a Tupã e senta-se com os demais em círculo, à volta do grande fogo. Iracema traz o verde licor. *Araquém decreta os sonhos a cada guerreiro e distribui o vinho da jurema, que transporta ao céu o valente tabajara.* (p.35) Enquanto cada um vive o sonho que gostaria de ter na realidade, Iracema busca Martim e o conduz até Poti. *Os dois irmãos encostaram a fronte na fronte e o peito no peito para exprimir que não tinham ambos mais que uma cabeça e um coração.* (p.36)

Iracema, apesar da oposição de Poti, pede para acompanhar o guerreiro branco até onde acabam os campos dos tabajaras. Em certo ponto da mata, Poti pára e Martim, entendendo, diz a Iracema: *Teu hóspede já não pisa os campos dos tabajaras. É o instante de separar-te dele.* (p.36)

Capítulo 17

Iracema, então, conta-lhe toda a verdade. Poti alerta que os guerreiros tabajaras já despertaram. Os três apressam a fuga. Quando as sombras da tarde entristeciam o dia, pararam para acampar. Ao amanhecer, Poti avisa que ouve passos dos tabajaras pela floresta e esclarece:

– Enquanto o guerreiro do mar dormia, o inimigo correu. Os que primeiro partiram já avançam além com as pontas do arco.

A vergonha mordeu o coração de Martim.

– Fuja o chefe Poti e salve Iracema. Só deve morrer o guerreiro mau, que não escutou a voz de seu irmão e o pedido de sua esposa.

Martim arrepiou o passo.

– Não foi a alma do guerreiro do mar que falou. Poti e seu irmão só têm uma vida.

O lábio de Iracema não falou: sorriu. (p.37)

Capítulo 18

Os tabajaras alcançam os fugitivos. Irapuã logo vislumbra, com seus olhos vermelhos de raiva, o guerreiro branco. Nisso, ouve-se o latido do cão de Poti. São os guerreiros pitiguaras que chegam em socorro de Martim e Poti. Iracema posta-se ao lado do guerreiro branco e pede: *Senhor de Iracema, ouve o rogo de tua escrava; não derrama o sangue do filho de Araquém. Se o guerreiro Caubi tem de morrer, morra ele por esta mão, não pela tua.* (p.38) Segue-se a descrição da batalha, com a vitória dos guerreiros do litoral.

Os olhos de Iracema, estendidos pela floresta, viram o chão juncado de cadáveres de seus irmãos: e longe o bando dos guerreiros tabajaras que fugia em nuvem negra de pó. Aquele sangue, que enrubescia a terra, era o mesmo sangue brioso que lha ardia nas faces de vergonha.

O pranto orvalhou seu lindo semblante.

Martim afastou-se para não envergonhar a tristeza de Iracema. (p.38)

Comentário

Temos aqui um dos mais belos e perfeitos exemplos da idealização romântica. A personagem Iracema assume todos os sacrifícios e sofrimentos desse amor, a tal ponto que decide, se necessário, matar ela mesmo seus parentes, para que não haja qualquer ressentimento contra seu amado. Numa postura realista, provavelmente, a personagem até poderia tomar a mesma atitude, de matar seu irmão, mas com a finalidade apenas de preservar o objeto de seu desejo.

Capítulo 19

Após a batalha, Poti dá seu cão ao amigo Martim, para que possa trazer seu pedido de socorro quando necessário: *Tu o chamarás* ***Japi***[32]*, e será o pé ligeiro com que de longe corramos um para o outro.* (p.39) Os pitiguaras voltam à sua aldeia e Poti leva Martim até um jatobá, explicando que ali ao pé daquela árvore é que ele tinha nascido. Ali o índio faz um juramento e uma invocação: *O raio te decepe, árvore do guerreiro Poti, quando seu irmão o abandonar.* Iracema, que está sempre por perto, canta para atrair a atenção do amado. *Martim a recebeu com a alma no semblante; e, levando a esposa do lado do coração e o amigo do lado da força, voltou ao rancho dos pitiguaras.* (p.39)

Capítulo 20

Havia **três sóis**[33] que Martim e Iracema estavam hospedados na vasta cabana de Jacaúna. Iracema confessa ao guerreiro branco que sente

[32] Alencar explica que *já* é um pronome, quer dizer nós; e *py* na língua dos índios quer dizer pé.

[33] Quando o índio fala "três sóis", está dizendo três dias; ao dizer "três luas", quer dizer três meses.

tristeza em ver cabeças de seus irmãos espetadas na caiçara. Martim parte com Iracema e são acompanhados por Poti. Dois sóis depois chegam ao rio **Mundaú**[34].

Capítulo 21

Os viajantes continuam seu caminho e chegam à foz do rio, onde há muitas e saborosas traíras. Passam ainda além da barra da Piraquara, onde a tribo dos caçadores pitiguaras habita as margens do **Soipé**[35]. Retomam a viagem e cruzam o rio Taíba, chegando ao alto do **Mocoripe**[36]. Aí ficaram três sóis. Mais à frente, Martim teve uma inspiração. Inicialmente partira só para apagar a tristeza da esposa, mas agora vinha-lhe a idéia de montar ali uma aldeia, de onde pudessem atacar barcos inimigos dos invasores **tapuias**[37], aliados dos tabajaras. Martim comunica sua idéia ao amigo e à esposa, que aceitam, sem discutir. Os três fazem uma cabana. *Quando veio a noite, os dois esposos armaram a rede em sua nova cabana e o amigo, no* ***copiar***[38] *que olhava para o nascente.* (p.42)

Capítulo 22

Poti narra a seu amigo a história de seu avô, Batuireté, que veio pelas praias até o rio do jaguar e expulsou os tabajaras para o interior do continente. Dele nasceu Jatobá, pai de Poti e de Jacaúna. Explica que o lugar chamado **Quixeramobim**[39] tem esse nome porque ali Jatobá, na velhice, quando a sombra de seus olhos já não o deixava mais ver os frutos nas árvores, lamentava-se sempre: *Ah! Meus tempos passados!*. Jatobá já morreu, mas o velho chefe Batuireté ainda está vivo na montanha e dá conselhos aos guerreiros que o procuram antes dos combates. Por isso, chamam-no agora de Maranguab, aquele que conhece a guerra.

Poti vai visitar o avô e leva consigo Martim e a esposa. Ao chegar, Poti cumprimenta:

– Poti é chegado à cabana do grande Maranguab, pai de Jatobá, e trouxe seu irmão branco para ver o maior guerreiro das nações.

---

[34] Segundo nota do autor, trata-se de um rio muito tortuoso, que nasce na serra de Uruburetama. *Mundé* quer dizer cilada; e *hu*, rio.

[35] Nome formado a partir da junção de *sôo*, caça; e *ipé*, lugar onde. Então Soipé é o lugar onde há caça.

[36] Morro de areia que fica na enseada do mesmo nome, distante uma légua de Fortaleza.

[37] Nome que os pitiguaras davam aos franceses.

[38] Varanda ou alpendre pegados à casa.

[39] Na língua indígena: *qui*, ah!; *xere*, meus; e *amôbinhê*, outros tempos.

– *Tupã quis que estes olhos vissem, antes de se apagarem, o gavião branco junto da narceja.* (p.43) O velho derrubou a fronte aos peitos e não falou mais, nem mais se moveu. Estava morto. Após as cerimônias fúnebres, segundo os costumes indígenas, os três voltaram ao litoral. Encerrando o capítulo, comenta o narrador: A *serra onde estava outrora a cabana tomou o nome de* ***Maranguape****, assim chamada por aí repousa o sabedor da guerra.*[40] (p.43)

Capítulo 23

Quatro Luas tinham alumiado o céu depois que Iracema deixara os campos do Ipu, e três depois que ela habitava nas praias do mar a cabana de seu esposo. (p.44) A índia comunica ao esposo que está esperando um filho. Martim e Poti se regozijam de felicidade. No dia seguinte, pela madrugada, Poti colheu sementes de crajuru, que dão bela tinta vermelha, e casca de angico, que produz tinta negra muito lustrosa. *De caminho sua flecha certeira abateu o pato selvagem que plainava nos ares. O guerreiro arrancou das asas as longas penas e, subindo ao Mocoripe, rugiu a inúbia.* (p.45) Ao longe, responderam os índios pescadores do Trairi e os caçadores do Soipé. Em seguida, Poti volta à casa de seu irmão branco.

Capítulo 24

Foi costume da raça, filha de Tupã, que o guerreiro trouxesse no corpo as cores de sua nação. Traçavam em princípio negras riscas sobre o corpo, à semelhança do pêlo do coati de onde procedeu o nome dessa arte da pintura guerreira. Depois variaram as cores e muitos guerreiros costumavam escrever os emblemas de seus feitos. Assim o narrador introduz o capítulo em que conta o ritual da pintura de Martim, simbolizando que ele adotara a nova terra por pátria e se tornara um guerreiro vermelho. Iracema prepara as tintas e Poti pinta o amigo. Primeiro os riscos vermelhos e pretos da nação pitiguara, depois uma flecha na testa, simbolizando o olhar penetrante e, em seguida, um gavião no braço, significando a firmeza do golpe na luta. Num pé, pintou uma asa, indicando velocidade; no outro, pintou uma raiz, querendo dizer com isso a firmeza de seu pé. Falta agora só um nome na língua da nova nação. E é Iracema que sugere: Coatiabo.

---

[40] A serra de Maranguape fica a cinco léguas de Fortaleza e é famosa por sua fertilidade e formosura.

Em seguida, trazem bebida, recebem os guerreiros avisados pela Inúbia de Poti, no capítulo anterior, e festejam. Os guerreiros dizem: *Como o jatobá na floresta, assim é o guerreiro Coatiabo entre o irmão e a esposa; seus ramos* (braços de Martim) *abraçam os ramos do ubiratã* (Poti)*, e sua sombra protege a relva humilde* (Iracema). (p.46)

Capítulo 25

Martim sente um certo fastio da paz e saudades da guerra. Certo dia, Martim vê deslizar nas ondas do mar umas embarcações como a que construíam seus irmãos. Avisa Poti que são barcos tapuias e propõe que busquem os guerreiros pitiguares para irem ao Mearim combater os inimigos. Algum tempo depois, chega um guerreiro da tribo de Poti, com recado de Jacaúna, chamando-o para lutar contra os tabajaras, liderados por Irapuã, que fizera aliança com os brancos. Poti decide partir e Martim fala que o acompanhará.

Capítulo 26

Partem os dois amigos, sem se despedirem de Iracema, pois Poti teme que as lágrimas da mulher amoleçam o coração do guerreiro. Deixam, no entanto, um recado codificado com os elementos da natureza. Poti enfia no solo uma flecha com penas vermelhas e pretas, tendo espetado nela antes um goiamum. Em seguida, Martim quebrou um ramo de maracujá, a flor da lembrança, e entrelaçou na haste da seta, partindo em seguida. Quando Iracema sai em seu encalço e vê os sinais, entende:

– Ele manda que Iracema ande para trás, como o goiamum, e guarde sua lembrança, como o maracujá guarda sua flor todo o tempo até morrer." Todo dia, à hora do banho, em vez de buscar as águas da lagoa, a índia caminhava até o local em que o caranguejo estava pregado pela flecha, e aí quedava triste e suspirosa.

Uma vez, que a formosa filha de Araquém se lamentava à beira da lagoa da Macejana, uma voz estridente gritou seu nome do alto da carnaúba. "Iracema! Iracema!"

Ergueu ela os olhos e viu entre as folhas da palmeira sua linda jandaia, que batia as asas e arrufava as penas com o prazer de vê-la.

A lembrança da pátria, apagada pelo amor, ressurgiu em seu pensamento. Viu os formosos campos do Ipu, as encostas da serra onde nascera, a cabana de Araquém, e teve saudades; mas naquele instante ainda não se arrependeu de os ter abandonado.

Seu lábio gazeou um canto. A jandaia, abrindo as asas, esvoaçou-lhe em torno e pousou no ombro. Alongando fagueira o colo, com o negro bico alisou-lhe os cabelos e beliscou a boca mimosa e vermelha como a pitanga.

Iracema lembrou-se que tinha sido ingrata para a jandaia, esquecendo-a no tempo da felicidade; mas a jandaia vinha para a consolar agora no tempo da desventura. (pp.48/9)

Comentário

Não se pode deixar de notar a sincronicidade, para não falar coincidência, entre o afastamento anterior da jandaia, com a chegada do branco e, agora, a volta da jandaia, com o afastamento do branco. A presença de Martim apaga em Iracema seu amor e sua atenção para com a sua natureza e o seu povo. Sua ausência permite que sua mente possa agora ocupar-se, pelo menos, com as lembranças.

Capítulo 27

Poti e Martim voltam. Iracema esquece a tantos dias de saudade e abandono nos braços do esposo. Martim e Poti, liderando os mil guerreiros pitiguaras, levaram a derrota aos tabajaras e tapuias. Depois de alguns dias de tranqüila felicidade, Martim volta a se angustiar com seu destino. *Às vezes lhe vinha à mente a idéia de tornar à sua terra e aos seus; mas ele sabia que Iracema o acompanharia; e essa lembrança lhe remordeu o coração*, pois sabe que tirá-la de sua terra é também tirar-lhe um pouca de sua vida. Poti, vendo que o amigo está pensativo, afasta-se para deixá-lo com seus pensamentos. Iracema faz o mesmo, mas o acompanha e observa de longe, sofrendo em silêncio, como se adivinhasse o futuro.

Capítulo 28

Um dia, Martim ouve um soluço de Iracema e pergunta a causa de tal dor. Ela explica: *Teu corpo está aqui; mas tua alma voa à terra de teus pais e busca a virgem branca, que te espera*. Martim procura explicar com uma desculpa: *É a ânsia de combater o tupinambá que volve o passo do guerreiro para as bordas do mar.* Conversam mais sobre o assunto. É patente o desequilíbrio que já se instalou, mas o gesto final é de conciliação, mas não convincente:"*O cristão cingiu o talhe da formosa índia e a estreitou ao peito. Seu lábio pousou no lábio da esposa um beijo, mas áspero e morno.*

Capítulo 29

Poti procura Martim e o encontra a olhar um grande navio que vem sulcando os verdes mares. Pergunta ao amigo se é navio de seu povo que vem buscá-lo, mas Martim comunica que são os inimigos que voltam agora acompanhados dos **tupinambás**[41] . Martim orienta Poti para que convoque os caçadores de Soipé e os pescadores do Trairi, que ele os acompanhará ao combate. Poti envia também um comunicado ao irmão Jacaúna. Os inimigos são vencidos e partem em busca dos *grandes e pesados trovões*, ou seja, de canhões.

Capítulo 30

Enquanto isso, Iracema sozinha sente que chegou a hora do filho nascer. Abraça o tronco de uma palmeira e logo ouve o choro da criança, com que se abraça e se atira às águas do rio. Depois, levou-o ao seio e disse: *Tu és Moacir, o nascido de meu sofrimento.* Assim como a jandaia aparecera logo após a primeira partida de Martim, agora vem visitar Iracema o seu irmão Caubi, que se alegra ao ver a criança, mas observa que ela chupou a alma de sua irmã. Depois de fazer uma refeição que Iracema lhe preparou, o senhor dos caminhos perguntou onde estava Martim para dar-lhe também um abraço. Quando a índia lhe disse que havia partido para a guerra, mas que voltaria em três dias, Caubi disse:

– O guerreiro Caubi o espera para saber o que ele fez do sorriso que morava em teus lábios.

A voz do tabajara enrouquecera; seu passo inquieto volveu a esmo pela cabana. (p.54)

Capítulo 31

Iracema pede a Caubi que volte a sua aldeia, justificando que é para que ele não deixe só o velho pai, Araquém, que só tem a eles dois. Caubi diz que sabe que ela pede sua partida para que não fique vendo sua tristeza, mas que voltará quando o cajueiro florescer. Caubi abraça a irmã e Moacir, partindo em seguida. Falta o leite e Iracema busca um ninho de cachorrinhos do mato a quem oferece o seio. *Iracema curte dor, como nunca sentiu; parece que lhe exaurem a vida; mas os seios vão-se intumescendo; apojaram afinal, e o leite, ainda rubro do sangue de que se formou, esguicha*, permitindo assim que alimente Moacir. Agora ele merece duplamente o nome que tem, pois não apenas é filho de sua dor, mas também é por sua dor alimentado.

Apesar de enfraquecida, Iracema não consegue alimentar-se por causa da tristeza e da saudade do amado ausente.

---

[41] Em língua indígena o nome significa "gente parente dos tupis", de aba = gente ou homem e anama = parente. Essa grande nação do ramo tupi após tentar expulsar os portugueses, retirou-se para o Maranhão e, posteriormente, aliou-se aos franceses para continuar a luta contra os portugueses.

Capítulo 32

Mais um dia termina e Japi corre do mato para a cabana, lambendo a mão de Iracema que está desfalecida. Faz oito luas que Martim havia partido. Ao chegar, recebe da esposa o filho: "*Recebe o filho de teu sangue. Era tempo; meus seios ingratos já não tinham alimento para dar-lhe!*". Sentindo a morte perto, a índia faz seu último pedido:

– Enterra o corpo de tua esposa ao pé do coqueiro que tu amavas. Quando o vento do mar sobrar nas folhas, Iracema pensará que é tua voz que fala entre seus cabelos. (p.56) O camucim que recebeu o corpo da índia é enterrado assim como ela pediu. A jandaia, como se entendesse isso, postou-se desde esse dia no olho da palmeira e ficou chamando por Iracema.

Desde então os guerreiros pitiguaras que passavam perto da cabana abandonada e ouviam ressoar a voz plangente da ave amiga, afastavam-se com a alma cheia de tristeza, do coqueiro onde cantava a jandaia. E foi assim que um dia veio a chamar-se Ceará o rio onde crescia o coqueiro, e os campos onde serpeja o rio. (p.56)

Comentário

Aqui fecha-se o ciclo do mito anunciado pelo narrador, o cearense Alencar, no primeiro capítulo: *Uma história que me contaram nas lindas várzeas onde nasci* e justifica adequadamente o subtítulo *Lenda do Ceará*. Observar ainda que o autor colocou a seguinte dedicatória: *À terra natal - um filho ausente.*

Capítulo 33

O cajueiro floresceu quatro vezes depois que Martim partiu das praias do Ceará, levando no frágil barco o filho e o cão fiel. A jandaia não quis deixar a terra onde repousava sua amiga e senhora.

O primeiro cearense, ainda no berço, emigrava da terra da pátria. Havia aí a predestinação de uma raça? (p.56)

Martim retorna acompanhado de muitos guerreiros de sua raça e de um sacerdote, que batiza Poti.

Ele recebeu com o batismo o nome do santo cujo era o dia e o do rei, a quem ia servir, e sobre os dois o seu, na língua dos novos irmãos. Sua fama cresceu e ainda hoje é o orgulho da terra, onde ele primeiro viu a luz.

A mairi que Martim erguera à margem do rio, nas praias do Ceará, medrou. Germinou a palavra do Deus verdadeiro na terra selvagem e o bronze sagrado ressoou nos vales onde rugia o maracá.

Jacaúna veio habitar nos campos da Porangaba para estar perto de seu amigo branco; Camarão erguera a taba de seus guerreiros nas margens da Mecejana.

Tempo depois, quando veio Albuquerque, o grande chefe dos guerreiros brancos, Martim e Camarão partiram para as margens do Mearim a castigar o feroz tupinambá e expulsar o branco tapuia.

Era sempre com emoção que o esposo de Iracema revia as plagas onde fora tão feliz e as verdes folhas a cuja sombra dormia a formosa tabajara.

Muitas vezes ia sentar-se naquelas doces areias, para cismar e acalentar no peito a agra saudade.

A jandaia cantava ainda no olho do coqueiro; mas não repetia já o mavioso nome de Iracema.

Tudo passa sobre a terra. (p.57)

V - REVISÃO DO ENREDO

Romance indianista que trata da miscigenação, alcançando melhor resultado que n'*O guarani*. A ação acontece no Ceará, tendo o livro como subtítulo: "Lenda do Ceará". Narra (foco narrativo: terceira pessoa) as aventuras do português Martim (personagem histórico: Martim Soares Moreno) que atravessa a serra do Ibiapaba, perdendo-se na floresta. Surpreende Iracema após o banho e é ferido por ela. Arrependida, a índia desculpa-se e leva o branco até sua tribo, apresentando-o a seu pai, Araquém, que é o pajé da tribo.

Iracema, a virgem dos lábio de mel, desperta o ciúme do guerreiro Irapuã, ao proteger o homem branco. Martim e Iracema apaixonam-se, mas esse relacionamento apresenta-se problemático em virtude de alguns obstáculos. O primeiro deles é que ela é da tribo dos Tabajaras, inimigo dos Pitiguaras, de quem Martim é amigo. Além disso, a selvagem é dona do segredo da jurema, planta ritualística e alucinógena, cujo licor leva os índios a viver em sonho, com grande veracidade, todos seus desejos e fantasias.

Martim fica triste por causa de seu dilema amoroso. Iracema, para aliviá-lo, conduz ao bosque sagrado, prepara o licor, depositando-lhe as gotas na boca. Mais tarde, o guerreiro branco pede que ela lhe forneça mais do licor e durante sua "viagem", Martim sonha com a índia e suspira o seu nome. Iracema não resiste e cede aos seus desejos. Sonho e realidade se fundem.

Aparece Poti (personagem histórico: Antônio Felipe Camarão, que auxiliou os portugueses na luta contra os holandeses) e Martim foge com ele, levando Iracema. Durante a fuga, há luta entre a tribo de Iracema e a de Poti, que estava à sua procura. Os tabajaras são vencidos e alguns têm suas cabeças cortadas e empaladas na entrada da tribo inimiga. Para não fazer sofrer a esposa, Martim constrói uma cabana para ela, afastada dali. Aí a deixa, só, partindo com Poti, para lutar. Isso acontece por duas vezes. Ao voltar da segunda batalha, Martim recebe dos braços de Iracema o filho, Moacir (nome que significa "filho da dor"). Iracema está em absoluto estado de subnutrição, pois além de não comer (por causa da saudade do amado), Iracema chegava a alimentar o filho com o próprio sangue, que fazia aflorar dos seios, dando-os para serem mordidos por filhotes de cão selvagem.

Iracema morre e é enterrada por Martim ao pé de um coqueiro. No final, ele parte com o filho em uma jangada. Esta é a primeira página do romance, transcorrendo os demais fatos em uma retrospectiva ou *flashback*. Mais tarde, Martim retorna com muitos guerreiros brancos e um padre, fundando o primeiro núcleo de colonização do Ceará.

VI – ESTRUTURA DA OBRA

O romance está dividido em 33 capítulos. Alencar vale-se da retrospectiva ou *flashback* (do capítulo 2 ao 32) para contar a história com aspecto de lenda poética.

Na organização estrutural interna percebe-se um sistema binário de ordenação, como, por exemplo, a oposição entre o natural (Iracema = América primitiva) e o cultural (Martim = Europa colonizadora); a amizade (Poti) e a inimizade (Irapuã).

Personagens principais

Iracema, é personagem ficcional, protagonista, sem densidade psicológica, pois destaca-se mais pela sua importância simbólica ou alegórica, representando a natureza selvagem pura e primitiva do novo mundo. Seu próprio nome, anagrama de América, parece reforçar essa representação. O epíteto "virgem dos lábios de mel" além da idéia de pureza acrescenta a de doçura, bondade e brandura. A sua descrição física é ideal, romântica, não merecendo contestação pelo fato de ter hálito perfumado e pés delicados. Quem assim exige, esquece-se de que está lendo um livro romântico. Há que situar cada narrativa em seu contexto histórico.

Martim Soares Moreno, português colonizador, personagem histórica, que militou na luta contra a invasão holandesa. Se vimos em Iracema um símbolo, podemos notar em Martim um caso de metonímia (a parte pelo todo), ou seja, Martim (singular) está no lugar do europeu invasor (plural). O seu nome pode ser associado a Marte, deus da guerra.

Poti, personagem histórico, batizado com o nome de Antônio Felipe Camarão. Sendo Camarão a tradução do seu nome de língua indígena para o português, enquanto Antônio foi acrescentado por ser o santo do dia em que foi batizado e Felipe, em homenagem ao rei, que então governava Portugal, sob domínio espanhol.

Caubi, cujo nome significa "senhor dos caminhos" é irmão de Iracema. Personagem de caráter amigo e bondoso, valente e seguro, mas que deixa prevalecer os laços do sangue sobre as relações tribais, pois protege a irmã, apesar da infração cometida. Depois, reúne-se ao seu povo e luta contra Martim, quando os alcança. Mais tarde, porém, vai visitar a irmã, para comunicar que o pai vive triste e abatido depois que Iracema se foi.

Irapuã, cujo nome quer dizer "mel redondo" é o chefe militar da tribo, guerreiro repleto de ódio contra os brancos e os pitiguaras, deseja Iracema, sentindo profundo ciúme, quando a vê preferir o estrangeiro branco. Trata-se de outra personagem histórica, famoso por ter se aliado aos franceses nos combates contra os portugueses no Maranhão.

Araquém, pajé dos tabajaras, pai da protagonista, responsável pelos rituais sagrados, principalmente aquele em que ministrava o licor da Jurema. Podemos dizer que, por sua função e temperamento, é a personagem que repesenta a prudência e a sabedoria da velhice. Valores esses que podem ser encontrados também em Andira e Batuireté (Maranguab).

Moacir, cujo nome quer dizer "filho da dor" é o filho de Iracema, representando simbolicamente o primeiro cearense, e, por extensão, o primeiro brasileiro, fruto da miscigenação. É sempre bom ressaltar que Alencar procurou omitir a presença do negro em nosso processo de formação cultural e racial. O negro aparece com destaque apenas em duas peças teatrais do escritor cearense: *Mãe* (tragédia), *Demônio familiar* (comédia).

Foco narrativo: O relato é feito em terceira pessoa por um narrador onisciente, isto é, todo-poderoso, capaz de tudo ver e saber, desde as cenas visíveis até os pensamentos e sentimentos mais profundos das diversas personagens.

Tempo: Prevalece o tempo cronológico, remontando a ação ao início do século XVII, com Portugal sob o governo de Felipe, que fica sendo o segundo nome de Poti: Antônio Felipe Camarão.

Espaço: A narrativa apresenta a natureza como espaço privilegiado, com a maior das ações desenvolvendo-se na região interior e selvagem de um Brasil primitivo e edênico. Ceará, justificando o subtítulo da obra "Lenda da fundação do Ceará".

Ação: Predomina a ação externa, revelando domínio seguro da efabulação, apesar da estrutura simples da obra. O jogo de suspense e interesse é mantido com informações omitidas ou dadas pela metade, mas completadas mais tardes com inserções, através da técnica de *flashback*, lembrando-nos muitas vezes as narrativas de Alexandre Dumas.

VII – ESTILO DE ÉPOCA E ESTILO INDIVIDUAL

Alencar é o melhor representante do Romantismo oficial brasileiro. A sua visão de mundo é baseada no coração, no sentimento. O mundo urbano, com seus problemas políticos e econômicos, o aborrecem, por isso foge para o passado ou escapa para os lugares selvagens. Suas obras procuram retratar um Brasil e personagens mais ideais do que reais, mais como ele gostaria que moralmente fossem (romântico) do que objetivamente eram (realista). Seu romance urbano *Senhora*, por exemplo, é uma crítica ao que ele reprova na sua sociedade. Seu estilo é uma reação contra a invasão estrangeira, buscando o espírito conterrâneo não só no assunto, mas também na seleção vocabular e na escolha de torneios sintáticos mais brasileiros que lusitanos. Sua obra, como a quase totalidade das criações românticas, tem duas finalidades fundamentais, divertir e moralizar.

O estilo romântico de Alencar supervaloriza o sentimento, o individualismo, o nacionalismo, e idealiza a mulher e a natureza, procurando sempre o que ambas têm de belo e grandioso. O amor prevalece sobre tudo o mais, sendo o elemento propulsor de toda a narrativa.

A linguagem de Alencar é rica, colorida, exuberante, recheada de termos bonitos, de imagens e metáforas atraentes, e generosa no emprego da adjetivação, desagradando a alguns leitores que preferem um estilo mais singelo e realista. Em alguns momentos, sua linguagem torna-se tão plástica e musical que se aproxima da poesia. Sobre ela, observa o crítico Antonio Candido ao comentar outro romance indianista do escritor: "*Na língua d'O guarani ainda há um pouco da deslumbrada facúndia de quem descobre uma fórmula de prosa; daí, em mais dum passo, algum desfibramento do estilo, que, embora belo, tem menos mordente do que terá em Lucíola, e menos densidade lírica do que em Iracema. Em nenhum outro, porém, aparece melhor o trabalho de visualização artística, compondo uma atmosfera de cores, formas e brilhos para celebrar a poesia da vida americana.*"

VIII – TEMÁTICA

A temática amorosa predomina durante todo o relato, revelando um amor que sobrepuja as diferenças culturais e raciais, o tempo e a distância. Podemos dizer que a protagonista morre, mas não o seu amor. Nessa vertente, podemos incluir romances como *Amor de perdição*, de Camilo Castelo Branco; *Eurico, o presbítero,* de Alexandre Herculano e *Lucíola*, do próprio Alencar. Simultaneamente, podemos perceber a intenção de revelar a formação do brasileiro com base na miscigenação entre o branco europeu e o índio americano. José de Alencar evita discutir o problema do negro na sociedade brasileira, omitindo-o como elemento importante na formação de nossa miscigenação racial e cultura.

Independentemente de discutir a postura consciente ou não do autor, podemos dizer que subjaz à narrativa a problemática da destruição do índio e de sua cultura (Iracema) pela colonizador europeu (Martim Soares Moreno).

Assim como em *O guarani*, encontramos em *Iracema* a idealização do índio. O mito do bom selvagem tem suas bases na teoria de Rousseau de que o homem é naturalmente bom, a sociedade é que o corrompe. Então, o índio integrado à vida natural é símbolo de autenticidade e pureza. Iracema é tão participante da natureza, de que é o próprio símbolo, que todo seu ser é apresentado por comparações aos elementos da paisagem local: seus lábios são de mel, seu hálito é perfumado como a baunilha, seu cabelo é preto como as asas da graúna, seu porte é como a palmeira e seu correr ligeiro é comparado à rapidez da ema selvagem.

BIBLIOGRAFIA CONSULTADA

Candido, Antonio. *Formação da literatura brasileira.* Vol.2, SP: Martins.
Menezes, Raimundo de. *José de Alencar* - literato e político. Rio: LTC, 1977.
Sant'Anna, Affonso Romano de. *Análise estrutural de romances brasileiros.* Petrópolis: Ed. Vozes, 1984.
Taunay, Visconde de.- *Reminiscência.* Rio: Liv. Francisco Alves, 1908.

A FLÂMULA E OS VESTIBULARES

A **Editora Flâmula** foi fundada por **Geraldo Chacon**, professor de Literatura, formado pela USP, e que há vinte e cinco anos prepara jovens para os exames vestibulares, tendo lecionado em diversos e importantes colégios e cursinhos como: Anglo, Aprove, Intergraus, Stockler, CPV, Pré-Médico, Colégio Bandeirantes, Colégio Rio Branco e Liceu Eduardo Prado.

A Editora procura atender à necessidade de jovens que se preparam para os exames vestibulares. Sua primeira coleção, intitulada **LITERATURA PORTUGUESA E BRASILEIRA - Análise e Resumo de Obras**, apresenta análise e resumo minucioso de **34** das principais obras literárias, geralmente solicitadas nos vestibulares. Os livros desta coleção, mais o livro **SÍNTESE DA LITERATURA PORTUGUESA E BRASILEIRA**, permitem uma visão panorâmica de toda a nossa literatura.

Literatura Portuguesa e Brasileira, Volume **1**
Auto da Barca do Inferno, Lira dos Vinte Anos, Memórias de um Sargento de Milícias, A Cidade e as Serras, Dom Casmurro, Contos Novos, São Bernardo, Campo Geral, Morte e Vida Severina, Memorial do Convento.

Literatura Portuguesa e Brasileira, Volume **2**
Lírica de Gregório de Matos, Senhora, O Primo Basílio, O Mulato, O Cortiço, Missal, Broquéis, Triste Fim de Policarpo Quaresma, Mensagem, Memórias Sentimentais de João Miramar, Olhai os Lírios do Campo, Laços de Família, Sagarana (inclui "O Burrinho Pedrês" e "A Hora e Vez de Augusto Matraga").

Literatura Portuguesa e Brasileira, Volume **3**
Sonetos de Camões, O Guarani, Amor de Perdição, Amar, Verbo Intransitivo, Vidas Secas, A Rosa do Povo, Claro Enigma, Corpo, A Hora da Estrela, As Meninas, O Nariz e Outras Crônicas.

Já saiu o livro ***Literatura Portuguesa e Brasileira***, **Volume 4**, com resumo e análise de todas as obras exigidas pela UNICAMP para a prova de 2003: A farsa de Inês Pereira, Ubirajara, O crime do Pe. Amaro, Bom-Crioulo, Brás Bexiga e Barra Funda, O amanuense Belmiro, Angústia, Manuelzão e Miguilim, A Sibila.

MACUNAÍMA

de Mário de Andrade
por Geraldo Chacon

I – BIOGRAFIA

Mário Raul de Moraes Andrade nasceu em 1893, na Capital de São Paulo, precisamente na Rua Aurora. Estudou e diplomou-se no Conservatório Dramático e Musical, na Av. São João. Aí mesmo, mais tarde, exerceu o magistério, na cadeira de História da Música. Foi professor de piano e polígrafo, isto é, produziu textos dos mais diversos gêneros: ensaio, crítica, poesia, prosa de ficção (contos, romances), etc.

Mário foi um constante pesquisador de nosso folclore e das mais variadas manifestações artísticas. No período compreendido entre 1934 e 1937, dirigiu o Departamento de Cultura de São Paulo, tendo fundado a Discoteca Pública (emprestava discos ao público) e promovido o I Congresso da Língua Nacional.

Sempre apaixonado pela sua cidade e pelo seu país, Mário parodiou liricamente poema de Álvares de Azevedo, ao pedir que, quando morresse, fosse repartido e enterrado nos principais espaços de sua cidade e não em floresta esquecida pelos homens. Desiludido com a situação internacional (2ª Guerra Mundial) e com perseguições contra ele, o criador do pícaro Macunaíma isolou-se em sua casa, na Rua Lopes Chaves, onde produziu seus últimos trabalhos literários, e onde faleceu em 1945, vítima de um ataque cardíaco fulminante.

II – BIBLIOGRAFIA

POESIA: *Há uma gota de sangue em cada poema* (1917), *Paulicéia desvairada* (1922), *Losango cáqui* (1926), *Clã do jabuti* (1927), *Remate de males* (1930) e *Lira paulistana* (1946).
PROSA: *Amar, verbo intransitivo* (Idílio – 1927) e *Macunaíma* (Rapsódia – 1928).
CONTOS: *Primeiro andar* (1926), *Belazarte* (1934) e *Contos novos* (1947).

III – INTRODUÇÃO

A obra de Mário, tanto na poesia quanto na prosa de ficção, é marcada por uma constante evolução que pode ser vista no salto qualificativo, tanto de *Há uma gota de sangue em cada poema* até *Lira paulistana*, quanto de *Primeiro andar* até *Contos novos*. Como afirma o crítico Antonio Candido: "É o caminho que vai de *Primeiro andar* à segura maturidade de *Belazarte* e à perfeição quase clássica, para o gênero, dos *Contos novos*, revelando um contista soberano na fixação do tema expressivo, na dosagem da emoção, na arte sutil da composição literária e nos recursos de estilo". Também nos romances (que Mário nos desculpe o mau uso do termo), há um belo salto de *Amar, verbo intransitivo* para este Macunaíma, que vamos estudar.

Inicialmente, Mário não encontrava termo que pudesse empregar para designar o gênero de seu livro como preferiu chamar durante algum tempo. "Romance" estava fora de cogitação, porque o termo revelava uma carga de expectativa com relação à estruturação da narrativa e Mário de Andrade queria, como todo modernista, romper com a tradição, como realmente rompia. Como então designar sua obra? Optou por "história", mas desistiu tentando "romance folclórico". Só depois da primeira edição da obra, o escritor encontrou a opção "rapsódia", que quadra perfeitamente à obra. O termo sugere a postura do narrador que se coloca como poeta cantor, que recolhe e reconta contos e lendas de sua cultura mestiça. *Macunaíma* foi escrito em uma semana de férias, mas resultava de muito tempo de pesquisa, anotações e reflexões. A obra foi publicada em 1928 graças às economias de seu autor e por ele vendida, pois anúncio na Revista de Antropofagia constava "pedidos para a Rua Lopes Chaves n. 108", que era o endereço da residência de Mário. Só em 1937 teve uma segunda edição pela Livraria José Olympio, com distribuição comercial.

IV – RESUMO DO ENREDO

I. MACUNAÍMA

No fundo do mato-virgem nasceu Macunaíma, herói de nossa gente. Era preto retinto e filho do medo da noite. Houve um momento em que o silêncio foi tão grande escutando o murmurejo do Uraricoera, que a índia tapanhumas pariu uma criança feia. Essa criança é que chamaram de Macunaíma.

Já na meninice fez coisas de **sarapantar**[1]. *De primeiro passou mais de seis anos não falando. Si o incitavam a falar exclamava:*

– Ai! que preguiça!...

e não dizia mais nada. Ficava no canto da **maloca**[2], *trepado no* **jirau**[3] *de* **paxiúba**[4], *espiando o trabalho dos outros e principalmente os dois manos que tinha, Maanape já velhinho e Jiguê na força de homem. O divertimento dele era decepar cabeça de saúva. Vivia deitado mas si punha os olhos em dinheiro, Macunaíma dandava pra ganhar vintém. E também espertava quando a família ia tomar banho no rio, todos juntos e nus. Passava o tempo do banho dando mergulho, e as mulheres soltavam gritos gozados por causa dos* **guaimuns**[5] *diz-que habitando a água-doce por lá*[6]. *No mucambo si alguma* **cunhatã**[7] *se aproximava dele pra fazer festinha,*

---

[1] Causar espanto, pasmo, admiração.

[2] Habitação indígena em que moram várias famílias.

[3] Cama de Varas. Qualquer armação de madeira na forma de estrado ou palanque.

[4] Palmeira de madeira escura e fibrosa.

[5] Caranguejos.

[6] O que o narrador parece nos sugerir é que o menino belisca ou cutuca as mulheres, alegando que são os guaiamuns.

[7] Termo para designar a índia adolescente ou menina.

Macunaíma punha a mão nas **graças**[8] *dela, cunhatã se afastava. Nos machos guspia na cara. Porém respeitava os velhos e freqüentava com aplicação a murua a poracê o torê o bacorocô a cucuicogue*[9]*, todas essas danças religiosas da tribo.*

Quando era pra dormir trepava no **macuru**[10] *pequeninho sempre se esquecendo de mijar. Como a rede da mãe estava por debaixo do berço, o herói mijava quente na velha, espantando os mosquitos bem. Então adormecia sonhando palavras feias, imoralidades* **estrambólicas**[11] *e dava patadas no ar.*

Nas conversas das mulheres no pino do dia o assunto eram sempre as peraltices do herói. As mulheres se riam muito simpatizadas, falando que "espinho que pinica, de pequeno já traz ponta"[12]*, e numa pajelança Rei Nagô fez um discurso e avisou que o herói era inteligente.* (p.9)

Comentários

O primeiro capítulo já coloca o leitor em contato com um protagonista que fere o protótipo de herói tradicional: bonito, forte, corajoso e digno. O que se lhe apresenta é um tipo anti-heróico ou picaresco: feio, preguiçoso, malandro, desrespeitoso, machista, mas simpático ("as mulheres se riam muito simpatizadas") e predestinado à função de herói ("herói de nossa gente", "Rei Nagô fez um discurso e avisou que o herói era inteligente").

Características estilísticas fundamentais do modernismo de Mário já estão presentes no texto: busca do elemento folclórico, humor, procura de uma língua mais popular, brasileira e descontraída. Deriva dessa postura o emprego de "si" no lugar de se; "pra" em vez de para; "estrambólicas" em vez de estrambóticas, e termos como dandava e mijava.

Quando o herói completou seis anos, fizeram uma simpatia para fazer ele falar. Deram-lhe água num chocalho e ele se pôs a falar como todos e pediu à mãe que largasse o serviço e o levasse para passear no mato. Com a recusa da mãe, Macunaíma chorou a noite inteira, infernizando o sono de todos. No outro dia, o pedido e a cena se repetem e a mãe pede para a nora, Sofará, mulher de Jiguê, levar o menino. Ela levou até uma praia na beira do rio, mas o menino reclamou que tinha formiga e fez com que ela o levasse lá dentro do mato. Quando Sofará deitou o curumim nas tiriricas da serrapilheira, ele virou um **príncipe lindo**[13] e andaram pelo mato muito tempo. Quando voltaram, a moça parecia muito fatigada "de tanto carregar piá nas costas". No outro dia, Jiguê se põe a trançar corda com

---

[8] Metáfora eufemística para designar o órgão sexual da mulher.

[9] Uma das conquistas modernistas é a liberdade de pontuação. Observe que Mário propositadamente deixou de utilizar as vírgulas necessárias, conferindo uma agilidade maior na leitura da frase.

[10] Balanço preso no teto por cordas, em que punham as crianças para dormir.

[11] Termo popular, variação de estrambótico, que significa esquisito ou extravagante.

[12] É freqüente na obra a transcrição de ditados e provérbios populares, o que também e tão bem caracteriza a classificação feliz de rapsódia.

[13] A narrativa apresenta muitos elementos mágicos, podendo ser entendida como do gênero fantástico maravilhoso. Deve ser lida como quem lê histórias da carochinha ou mitos primitivos sem pedir lógica ou racionalismo.

fibra de curauá para pegar anta. Macunaíma, pede e ele recusa, mas com tanto choro do piá, fala para Sofará arranjar fio para o menino. *Ela fez.* E Macunaíma pede de novo para ir a passeio, e a cena se repete com o menino crescendo, virando um príncipe lindo e brincando com a cunhada um tempão. Mas antes de brincar, ele foi ao bebedouro e armou um laço para pegar anta. No outro dia, o herói acordou a todos com grande berreiro *que fossem no bebedouro buscar a bicha que ele caçara!* E não é que tinha caçado mesmo? Jiguê não caçou nada. Quando chegou, ajudou a limpar a caça de Macunaíma, repartiu e só deu para o herói as tripas. *O herói jurou vingança.*

No outro dia, no passeio, Macunaíma brincou com a cunhada até a boca-da-noite, numa transa sadomasoquista *atirando pedras nela e quando feria, Sofará gritava de excitação tatuando o corpo dele em baixo com o sangue espirrado. Afinal, uma pedra lascou o canto da boca da moça e moeu três dentes. Ela pulou do galho e juque! tombou sentada na barriga do herói que a envolveu com o corpo todo, uivando de prazer. E brincaram mais outra vez.* (p.12)

Jiguê, que já estava desconfiado, seguira os dois e tudo vira. Dá no irmão uma surra com um rabo-de-tatu. O berreiro do herói foi tão alto e tão grande que muitos pássaros *caíram de susto no chão* **e se transformaram em pedra.**[14] *Depois, Jiguê levou Sofará para o pai dela e dormiu folgado na rede.* (p.12)

II. MAIORIDADE

No outro dia, Jiguê apareceu com nova cunhã. Chamava Iriqui, era linda e gostava muito de se pintar. Depois de terem comido a anta caçada por Macunaíma, a tribo não teve mais nada para comer e passou uma grande fome, agravada por uma enchente que fez apodrecer o milharal. *Então Macunaíma quis se divertir um pouco. Falou pros manos que inda tinha muita piaba muito jeju muito matrinchão e jatuaranas, todos esses peixes no rio, fossem bater timbó!* (p.13) Maanape falou que tinha acabado timbó, mas Macunaíma jurou que viu muito em certo lugar, levando para lá os irmãos e se divertindo com eles que *pulapulavam se livrando dos buracos, aos berros, com as mãos pra trás por causa dos candirus safadinhos querendo entrar por eles.* Por fim desistiram e voltaram os três para a maloca.

Querendo ajudar a mãe, Macunaíma pede para ela fechar os olhos e ficar repetindo: *quem que leva nossa casa pra outra banda do rio lá no teso, quem que leva?* Enquanto ela obedece, ele carrega tudo para um lugar que tem comida, mas quando a mãe começa a juntar comida para levar para seus irmãos, ele fica contrariado, arrepende-se e leva a velha de volta para casa. *Então a velha teve uma raiva malvada.* Carregou o herói para longe e o deixou sozinho no descampado. *Macunaíma assuntou o deserto e sentiu que ia chorar. Mas não tinha ninguém por ali, não chorou não.* (p.15) Durante uma semana, Macunaíma *vagamundou de déu em déu* e nessa caminhada encontrou o Currupira e seu cachorro Papamel. Quando Macunaíma lhe pediu um pedaço de carne, o Currupira tirou um pedaço da própria perna, moqueou e deu para o herói comer. Macunaíma pediu para o Currupira

[14] Presença do elemento mágico, fantástico.

ensinar o caminho para o mucambo dos Tapanhumas. *O Currupira estava querendo mas era comer o herói, ensinou falso.* Depois, como notasse que o herói não fez o caminho errado, evitando ser apanhado, Currupira montou num veado e saiu atrás dele, correndo e gritando: *Carne da minha perna!* E não é que o pedaço de carne dentro da barriga do herói respondia, permitindo assim que o Currupira seguisse o rasto certo. Desesperado, o piá só encontrou uma solução: vomitou o pedaço de carne numa poça de água e assim conseguiu escapar.

Mais à frente, o herói encontrou uma cotia e contou-lhe como enganara o Currupira. Ela lhe disse: **Culumi**[15] *faz isso não, meu neto, culumi faz isso não... Vou te igualar o corpo com o* **bestunto**[16]. (p.16) Dizendo isso, a cotia atira-lhe uma gamela cheia de caldo envenenado de aipim, que lhe molha todo o corpo menos a cabeça. Isso faz com que todo o corpo cresça, menos a cabeça que *ficou pra sempre rombuda e com carinha enjoativa de piá.* (p.16) O herói chega em casa de cara amarrada e diz à mãe:

– *Mãe, sonhei que caiu meu dente.*

– *Isso é morte de parente, comentou a velha.*

– *Bem que sei. A senhora vive mais uma Sol só. Isso mesmo porque me pariu.* (p.16)

No outro dia, os irmãos foram caçar e Macunaíma ficou brincando com Iriqui. Quando voltaram, Jiguê percebeu, mas Maanape falou para ele que agora Macunaíma estava homem e troncudo. *Jiguê conferiu que não pagava a pena brigar com o mano e deixou a linda Iriqui pra ele.* (p.17)

No outro dia, depois de brincar com a linda Iriqui, Macunaíma saiu para dar uma voltinha. Atravessou o reino encantado da Pedra Bonita em Pernambuco e acabou caçando uma viada parida, mas quando chegou perto viu que tinha sido uma peça do Anhanga. Não era viada, mas sua própria mãe que o herói flechara e matara. Os três irmãos choram muito e, na madrugada seguinte, colocam a mãe numa rede e a enterram. Os três irmãos e Iriqui dão-se as mãos e partem os quatro por esse mundo.

III. CI, MÃE DO MATO

Certa feita, os quatro caminhavam debaixo dos raios quentes de Vei, a Sol. Macunaíma deu sinal de alerta e foi sozinho à frente sondar. Encontrou Ci, Mãe do Mato. Logo viu pelo peito direito seco dela, que a moça fazia parte da tribo de mulheres sozinhas, as amazonas. Ele se atirou por cima dela para brincar, mas ela deu tanto nele que precisou pedir a ajuda dos irmãos, que vieram e a seguraram. Jiguê deu-lhe uma porrada no coco que a icamiaba caiu desmaiada. Então, Macunaíma se aproveitou e brincou com a Mãe do Mato. Vieram centenas de passarinhos festejar e saudar Macunaíma, o novo Imperador do Mato-Virgem.

Vivendo com Ci, Macunaíma farta-se de tanto brincar. Os dois brincavam e depois ficavam rindo um pro outro. Ci o provoca e brincam de novo.

[15] Variante de curumi ou curumim, palavra tupi para designar menino.

[16] Cabeça.

Porém nos dias de muito ***pajuarí***[17] *bebido, Ci encontrava o Imperador do Mato-Virgem largado por aí num porre mãe. Iam brincar e o herói esquecia no meio.*

– Então, herói!

– Então o que!

– Você não continua?

– Continua o que!

– Pois, meus pecados, a gente está brincando e vai você pára no meio!

– Ai! que preguiça... (p.22/3)

Então, para reanimá-lo, Ci ia no mato e pegava um ramo de urtiga, daquela coçadeira que nem fogo e dava uma surra no chuí dele e na nalachitchi dela e os dois, reanimados, brincavam ainda mais uma vez. Seis meses depois Ci pariu um filho encarnado. O menino tinha a cabeça chata e Macunaíma achatava mais ainda batendo nela todos os dias e dizendo: *Meu filho, cresce depressa pra você ir pra São Paulo ganhar muito dinheiro.* (p.23) Uma noite, veio uma cobra e mamou todo o leite no único peito bom de Ci. Quando o filho foi mamar *deu um suspiro envenenado e morreu.* Depois do enterro, Ci deu para Macunaíma uma **muiraquitã**[18] famosa e subiu para o céu em um cipó. Tornou-se a estrela Beta do Centauro. *No outro dia, quando Macunaíma foi visitar o túmulo do filho viu que nascera do corpo uma plantinha. Trataram dela com muito cuidado e foi o guaraná. Com as frutinhas piladas dessa planta é que a gente cura muita doença e se refresca durante os calorões de Vei, a Sol.* (p.24)

IV. BOIÚNA LUNA

No outro dia bem cedo o herói padecendo saudade de Ci a companheira pra sempre inesquecível, furou o beiço inferior e fez da muiraquitã um ***tembetá***[19]*. Sentiu que ia chorar. Chamou depressa os manos, se despediu das icamiabas e partiu.* (p.25) Para aliviar a dor, Macunaíma canta longos cantos. No outro dia, o herói e seus irmãos retomam a caminhada pelos matos misteriosos, seguidos por um séquito de araras vermelhas e jandaias, até que encontram uma cascata chorando sem parar.

Macunaíma pergunta e a cascata conta sua desdita. Ela se chama Naipi e era filha do **tuxaua**[20]. Como era muito bonita, todos os tuxauas da redondeza queriam dormir na sua rede e provar de seu corpo macio, mas ela os recebia a dentada e pontapé para testar a força deles. Nenhum resistia e fugia. Quando o corpo dela "chorou sangue pedindo força de homem pra servir", a **boiúna**[21] Capei escolheu-a para dormir com ela na socava cheia de esqueletos. O índio Titçatê, no entanto, colheu flores amarelas do ipê e foi para a rede de Naipi. Ela mordeu um punho dele e o sangue jorrou, mas Titçatê encheu a boca

[17] Bebida excitante fabricada pelos indígenas.

[18] Artefato talhado em nefrita, às vezes em forma de batráquios, a que se atribuem virtudes de amuleto. Pedra-verde ou pedra-das-amazonas.

[19] Palavra tupi, que significa "pedra do lábio". Enfeite que certos índios usam no lábio inferior.

[20] O mesmo que morubixada, chefe político entre os índios. O pajé é o chefe religioso.

[21] Figura mitológica indígena, que se apresenta sob a forma de cobra, muito temida por sua maldade.

dela com flores que ela não conseguiu mais morder. Então, ele fez amor com ela e depois, num barco, fugiram da boiúna. Quando Capei encontrou a rede sangrando e vazia, perseguiu-os e transformou Naipi na pedra da cachoeira e Titçatê na flor **mururê**[22] que vive nas águas próximas da cachoeira. Naipi conclui: *Capei mora em baixo de mim, examinando sempre se fui mesmo brincada pelo moço.* (p.29) Macunaíma desafia a boiúna, que sai e luta com ele, mas o herói dá uma pedrada nela, arrancando a cabeça fora. A cabeça persegue o herói e seus irmãos, que na carreira encontram um bacharel.

– Como vai, bacharel?

– Menos mal, ***ignoto***[23] ***viajor***[24].

– Tomando a fresca, não?

C'est vrai[25]*, como dizem os franceses.*

Bem, té-logo bacharel, estou meio afobado... (p.30)

Comentário

O diálogo utilizado serve para estabelecer um contraponto caricatural entre o discurso empolado e esnobe do bacharel e a simplicidade da fala popular do protagonista.

Na fuga, Macunaíma perde o muiraquitã. A cabeça da boiúna estava seguindo o herói para ser sua escrava, mas como ele não a atendeu, resolveu ir para o céu. Subiu a cabeça pelo fio de uma aranha. Foi subindo e comendo o fio. Quando chegou no céu, estava gorda de tanto fio comido e pálida de tanto esforço. *Dantes Capei foi a boiúna mas agora é a cabeça da Lua lá no campo vasto do céu.* (p.31)

Continua triste o herói em sua caminhada, até que um dia, com pena dele, o Negrinho do Pastoreio enviou um passarinho, o uirapuru, que canta, revelando que o muiraquitã foi engolido no rio por uma tartaruga, que foi caçada. A pedra foi encontrada e vendida a um peruano de nome Venceslau Pietro Pietra, que ficou rico e era fazendeiro em São Paulo. Macunaíma avisa aos irmão que vai para São Paulo buscar seu tembetá, mesmo que seja sozinho. Os irmãos decidem ir junto *mesmo porque o herói carecia de proteção.* (p.32)

V. PIAIMÃ

Antes da viagem, Macunaíma foi até a foz do rio Negro e deixou sua consciência na ilha de Marapatá, numa ponta dum mandacaru de dez metros *pra não ser comida pelas saúvas.* Depois seguiu rumo a São Paulo, pelo rio Araguaia, levando enorme quantidade de bagos de cacau, moeda tradicional.

[22] Planta de belas flores violáceas, também conhecida como aguapé, rainha-do-lago ou príncipe d'água.

[23] Desconhecido, obscuro, humilde.

[24] Aquele que viaja, viajante.

[25] Tradução: É verdade. (No início do século XX, era muito forte a influência francesa no Brasil. Lobato e Lima Barreto já haviam criticado esse hábito.)

Certo dia, em que a Sol cobrira os manos com suor, o herói resolveu tomar banho, mas no rio nem pensar porque tinha piranha. Por sorte, Macunaíma descobriu uma lapa de pedra, no meio do rio, que tinha uma cova cheia de água. *Mas a água era encantada porque aquele buraco na lapa era marca do pezão do Sumé, do tempo em que andava pregando o evangelho de Jesus pra indiada brasileira.* (p.33). Por isso, quando o herói se lava fica branco, louro e de olhos azuis. Jiguê, invejoso, pulou logo em seguida, mas a água estava suja do Macunaíma e Jiguê ficou apenas moreno, cor de bronze novo. Maanape também tentou, mas Jiguê tinha borrifado quase toda a água para fora da cova e sobrou só um pouquinho que deu para molhar somente as plantas dos pés e as palmas das mãos, que ficaram claras, avermelhadas, continuando todo o resto preto bem filho da tribo dos Tapanhumas.

Comentário
Esse relato mítico explicaria de modo mágico, fantástico, a existência do brasileiro branco, preto e mulato.

Os manos chegam nas terras do Igarapé Tietê e Macunaíma fica muito contrariado ao descobrir que o cacau que ele trouxe nada vale. Para ter o dinheiro que vale precisaria trabalhar. Isso provoca um suspiro desolado: *Ai! que preguiça!* Mas Maanape é feiticeiro e consegue trocar na Bolsa o cacau por uns oitenta contos de réis. Macunaíma fica maravilhado com as cunhãs paulistas de muita brancura e formosura. O herói escolhe logo três, brinca e dorme com elas na rede. *E a noite custou pra ele quatrocentos bagarotes.* (p.37)

A inteligência do herói fica muito perturbada com os barulhos dos bichos e com aquele sagüi-açu que o carregara para o alto do **tapiri**[26]. As cunhãs, rindo-se, explicam que os bichos eram automóveis e o sagüi era mesmo um elevador. Macunaíma quer brincar com as máquinas, mas as cunhãs dão risada e dizem que isso não é possível porque elas matam.

O herói vai morar numa pensão com os irmãos. Fica matutanto no problema das máquinas e conclui que os homens é que são máquinas. Feliz com a conclusão, transforma Jiguê na máquina telefone e liga para os cabarés encomendando lagosta e francesas. No dia seguinte, Macunaíma resolve ir atrás do Venceslau Pietro Pietra buscar o muiraquitã. Ele morava no Pacaembu, na rua Maranhão. Venceslau era o gigante Piaimã, comedor de gente. O gigante mata Macunaíma com uma flechada e o leva para casa. Maanape, com a ajuda de uma formiguinha sarará e de um carrapato que se transforma em chave, entra na casa de Piaimã e o embriaga com bebida que pegou na adega. Maanape descobre o irmão picado em pedaços cozinhando na polenta. Recolhe os pedaços, enrola em folha de bananeira e leva para a pensão. Lá chegando, assopra fumo nele e Macunaíma ressuscita, meio pamonha ainda, mas fica forte outra vez, quando o irmão dá guaraná para ele beber. O herói vai à casa dos ingleses comprar uma garrucha para matar o gigante. Depois transformou Jiguê em telefone e *ligou pro gigante e xingou a mãe dele.* (p.44)

---

[26] Cabana, habitação precária e rústica.

VI. A FRANCESA E O GIGANTE

Macunaíma resolveu fazer uma casa, mas a construção não ia adiante porque Maanape gostava muito de café e Jiguê muito de dormir. Então o herói transformou uma colher em um bichinho para picar Maanape e pegou um travesseiro e mudou-o em **mandrová**[27] para chupar o sangue de Jiguê. Quando os irmãos gritaram, Macunaíma ainda fez gozação, dizendo que quando bicho mordia ele não doía não, até gostava. Os irmãos prepararam vingança. Quando o herói estava construindo a papiri, pegaram tijolo e transformaram em uma dura bola de couro e Jiguê atirou a bola para Maanape, que deu um chute e tascou a bola no Macunaíma, que gritou *ui*. Os irmãos bem sonsos ironizaram: *Uai! Está doendo, mano! Pois quando bola bate na gente nem não dói!*. Assim como os irmãos tinham atirado longe os bichos que o herói colocou neles, também Macunaíma atirou longe a bola. *O bichinho caiu em Campinas. A tatorana caiu por aí. A bola caiu no campo. E foi assim que Maanape inventou o bicho-do-café, Jiguê a lagarta-rosada e Macunaíma o futebol, três pragas.* (p.46)

No outro dia, Macunaíma disfarçou-se de francesa e foi visitar o gigante. Pediu para ver a pedra que tinha forma de jacaré e era o muiraquitã que ele queria. O gigante mostrou um despropósito de pedras de sua coleção, mas quando o herói pediu para ele o muiraquitã, Venceslau disse que com ele era oito ou oitenta, *não vendia não emprestava a pedra mas porém era capaz de dar... "Conforme..." O gigante estava mas era querendo brincar com a francesa.* (p.48) O herói tentou fugir, mas foi alcançado e capturado pelo gigante comedor de gente, que o prendeu no cesto, mas Macunaíma assoprou raiz de cumacá em pó que bambeia cordas e fugiu. O **jaguara**[28] do gigante persegue o herói que foge em carreira desabalada passando por Barbacena, Minas Gerais, depois segue para os pampas sulinos voltando pelo Paraná, sobe até a ilha do Bananal, onde se refugia num buraco de formigueiro. Sempre seguido e acuado pelo cachorro do gigante. O gigante aparece e ameaça o herói: *Agora que te agarro mesmo porque vou buscar a jararaca Elitê!*. (p.52) Gelado de medo da jararaca, Macunaíma grita logo que vai sair, mas aplica um estratagema. Vai tirando os enfeites e roupa e dando para o gigante. Piaimã, doido de raiva, pegava sem olhar direito e atirava tudo longe. Finalmente, o herói pegou a si próprio e pôs na mão do gigante, dizendo: *Agora me bote fora só mais esta cabaça fedorenta.* (p.52) O gigante atirou o herói longe e ficou esperando na porta do formigueiro, que nem bobo.

O herói voltou para casa. *Chegou na pensão tomando a bênção de cachorro e chamando gato de tio, só vendo! suando esfolado com fogo nos olhos, botando os bofes pela boca. Descansou um pedação e como estava arado de fome bateu uma fritada de* **sururu**[29] *de Maceió, um pato seco de Marajó molhando a janta com* **mocororó**[30]. *Descansou.* (p.52) O herói sente inveja do gigante por ser

---

[27] Mandruvá ou mandorová é nome comum a diversos tipos de lagartas.

[28] Cão ordinário.

[29] Molusco bivalve, comestível, muito comum na região de Alagoas.

[30] Bebida feita de arroz, de mandioca ou de caju.

colecionador, mas ele não quer colecionar pedras porque é coisa pesada de se carregar. O herói boceja *Ai, que preguiça!* e decide colecionar palavras-feias.

VII. MACUMBA

Macunaíma estava muito contrariado. Não conseguia reaver a muiraquitã e isso dava ódio. O milhor era matar Piaimã... (p.56) O herói vai para o mato testar sua força e vê que não tem condições ainda de enfrentar o gigante. Então, resolve dar uma surra em Piaimã, valendo-se do recurso da macumba. Vai até o Rio de Janeiro, no terreiro da tia Ciata, feiticeira que não tinha outra igual. Deu-se início à sessão. *Era assim. Saudaram todos os santos da pajelança, o Boto Branco que dá os amores, Xangô, Omulu, Iroco, Oxosse, a Boiúna Mãe feroz, Obatalá que dá força pra brincar muito, todos esses santos e o sairê se acabou. Tia Ciata sentou na tripeça num canto e toda aquela gente suando, médicos padeiros engenheiros rábulas polícias criadas focas assassinos Macunaíma, todos vieram botar as velas no chão da tripeça.* (p.59)

Todos rezam, bebem cachaça, cantam e faz-se o ritual em que baixa Exu, o capeta, a quem Macunaíma pede para dar uma surra no gigante Piaimã. *Então foi horroroso o que se passou. Exu (...), mandando o eu de Venceslau Pietro Pietra vir dentro dele Exu para apanhar. Esperou um momento, o eu do gigante veio, entrou dentro da fêmea, e Exu mandou o filho dar a sova no eu que estava encarnado no corpo polaco. O herói pegou uma tranca e chegou-a em Exu com vontade. Deu que mais deu. Exu gritava:*

Me espanca devagar
que isto dói dói dói!
Também tenho família
E isto dói dói dói!

Enfim roxo de pancada sangrando pelo nariz pela boca pelos ouvidos caiu desmaiando no chão. (p.61/2) E o herói inventa um monte de torturas terríveis até que a mulher em que Exu tinha baixado fica moída de pancada e cansada de tanto sofrimento. Enquanto isso, em São Paulo, na rua Maranhão, como se fosse com ele, o gigante Piaimã sofria tudo que a mulher estava levando de pancada. Quando termina, a mulher se recupera com cachaça e era como se nada tivesse sofrido. Termina a sessão com festa. *Então tudo acabou se fazendo a vida real. E os macumbeiros, Macunaíma, Jaime Ovalle, Dodô, Manu Bandeira, Blaise Cendrars. Ascenso Ferreira, Raul Bopp, Antônio Bento, todos esses macumbeiros saíram na madrugada.* (p.63)

Comentário
O mesmo espírito brincalhão e moleque do protagonista Macunaíma toma conta do narrador constantemente. Aqui ele brinca com os amigos. Manu é Manoel Bandeira, poeta importante da primeira fase modernista, assim como Raul Bopp e outros artistas revolucionários como Blaise Cendrars.

VIII. VEI, A SOL

Macunaía, depois de comer muitos frutos da árvore Volomã, adormeceu embaixo de uma palmeira na baía de Guanabara. Em cima da palmeira estava um urubu que fez necessidade na cabeça do herói. Quando passou Caiuanogue, a estrela-da-manhã e depois a lua, Macunaíma pediu a cada uma que o levasse para o céu, mas elas, por causa do fedor, disseram a ele: *Vá tomar banho.* Depois veio Vei, a Sol, com suas filhas que limparam a sujeira do herói e lhe fizeram muitas cócegas, deixando-o zonzo de tanto prazer. *Vei queria que Macunaíma ficasse genro dela porque afinal das contas ele era um herói e tinha dado tanto bolo-de-aipim pra ela chupar secando, falou:*

– Meu genro: você carece de casar com uma das minhas filhas. O dote que dou pra ti é Oropa França e Bahia. Mas porém você tem de ser fiel e não andar assim brincando com as outras cunhãs por aí. (p.67)

O herói jurou, mas não cumpriu. Foi só Vei sair com as três filhas e aparecer a primeira cunhã que lá foi ele levando a mulher pra brincar na jangada de Vei. A Sol ficou muito zangada e não deu mais filha dela para o herói se casar. No outro dia, Macunaíma não achou mais graça na capital da República e voltou para a taba do igarapé Tietê.

IX. CARTA PRAS ICAMIABAS

Às mui queridas súbditas nossas, Senhoras Amazonas.
Trinta de Maio de Mil Novecentos e Vinte e Seis,
São Paulo.
Senhoras:

Não pouco vos surpreenderá, por certo, o endereço e a literatura desta missiva. Cumpre-nos, entretanto, iniciar estas linhas de saùdade e muito amor, com desagradável nova. É bem verdade que na boa cidade de São Paulo – a maior do universo, no dizer de seus prolixos habitantes – não sois conhecidas por 'icamiabas', voz espúria, sinão que pelo apelativo de Amazonas; e de vós, se afirma, cavalgardes ginetes belígeros e virdes da Hélade clássica; e assim sois chamadas. Muito nos pesou a nós, Imperador vosso, tais dislates da erudição porém heis de convir conosco que, assim, ficais mais heróicas e mais conspícuas, tocadas por essa plátina respeitável da tradição e da pureza antiga. (p.71)

Comentário

Valendo-se da paródia, todo o capítulo emprega uma linguagem que imita e caricaturiza o estilo pedante dos escritores acadêmicos, notadamente os parnasianos. Tal estilo foi muito praticado no final do século XIX e no início do século XX.

Empregando referências intertextuais como: *nem cinco sóis eram passados que de vós nos partíramos* e *mal encobrem as graças, que, a de nenhuma outra cedem pelo formoso do torneado e pelo tom*, conta Macunaíma suas desditas e aventuras e reflete, principalmente, no comportamento das mulheres paulistas. Nesse assunto, ele se detém por mais tempo e sugere às amazonas que *convidásseis também algumas dessas damas para demorarem nas vossas terras e Império nosso, por que aprendais com elas um moderno e mais rendoso género de vida, que muito fará avultar os tesoiros do vosso Imperador.* (p.75) Em seguida, descreve a cidade de São Paulo e seus costumes. Falando das doenças, acaba repetindo uma frase que já usara em capítulo anterior: *...nos demos ao trabalho de metrificarmos um dístico, em que se encerram os segredos de tanta desgraça:*

Pouca saúde e muita saúva,
os males do Brasil são. (p.77)

X. PAUÍ-PÓDOLE

O gigante Piaimã ficou muito doente com a surra que levou e passou meses na rede. Macunaíma nada podia fazer, porque Venceslau guardava a pedra muiraquitã dentro de um caramujo debaixo de seu corpo. O herói pensou botar formiga cupim no chinelo dele, que diziam que isso matava, mas o gigante tinha os pés virados para trás e não usava chinelo.

Então o herói aproveitou o tempo de espera para se aperfeiçoar no estudo das duas línguas da terra, o brasileiro falado e o português escrito. No dia da festa da Flor, uma jovem colocou uma flor na lapela dele, na botoeira e pediu mil-réis de contribuição de caridade. O herói ficou com vergonha de não saber o nome da botoeira e falou para a moça que era puíto. A ingênua, sem saber que era nome feio, repetiu para outra e assim por diante. À noite, Macunaíma arrumou uma namorada alemã que, ao ficar emocionada com as luzes elétricas e os repuxos do parque, *se virou e perguntou pra ele si deixava ela fincar aquela margarida no puíto dele.* O herói compreendeu o que tinha acontecido e deu grande gargalhada. A palavra puíto já tinha entrado para as revistas e já havia tese de estudiosos provando como a palavra botoeira viera a dar em puíto.

Na mesma ocasião, um mulato trepou numa estátua e iniciou um discurso entusiasmado, explicando para Macunaíma o que era o Cruzeiro, mas o herói recusou e também fez discurso ensinando para a população que aquelas quatro estrelas era o Paui-Pódole, o pai do Mutum. O cunhado dele, Camã-Pabinque, era feiticeiro e de certa feita infernizou a vida dele virando formiga, que não dava sossego. Então, no outro dia *Pauí-Pódole quis ir morar no céu pra não padecer mais com as formigas da nossa terra, fez.* (p.86) O herói termina, insistindo que o Cruzeiro é o Pai do Mutum, Pauí-Pódole.

XI. A VELHA CEIUCI

No outro dia o herói acordou muito constipado. Era porque apesar do calorão da noite ele dormira de roupa com medo da Caruviana que pega indivíduo dormindo nu. (p.89)

Macunaíma chama os irmãos para irem caçar no bosque da Saúde. Colocaram fogo no bosque para ver se saía algum veado, mas saíram dois ratos apenas. O herói comeu os dois e voltou para a pensão sem esperar os manos. Na pensão, contou vantagem para todo mundo, dizendo que havia caçado dois *viados catingueiros*, mas os irmãos desmentiram sua história logo que chegaram. *Então os vizinhos perceberam que tudo era mentira do herói, tiveram raiva e entraram no quarto dele pra tomar satisfação. Macunaíma estava tocando numa flautinha feita de canudo de mamão. Parou o sopro, aparou o bocal da flautinha e se admirou muito sossegado:*

– Pra que essa gentama no meu quarto, agora!... Faz mal pra saúde, gente! (p.89/90) Quando perguntam para ele porque dissera que eram dois veados, quando na verdade eram dois ratos, ele respondeu com a maior cara de pau: *Eu menti.*

Depois, bate uma tristeza por causa da saudade de Ci, a inesquecível, e o herói pega no ganzá e canta até que os soluços e o choro não o deixam mais continuar. Então, Macunaíma resolve ligar para o gigante e xingar a mãe dele com *uma bocagem novinha vinda da Austrália*, mas apesar de transformar o irmão Jiguê na máquina telefone, nada consegue porque ele dá defeito, tão confuso está com a história da mentira do herói.

No outro dia, resolvido a vingar-se dos irmãos, o herói chamou-os para caçar tapir: *Oi, manos, achei rasto fresco de tapir bem na frente da Bolsa de Mercadorias!* (p.91) Saíram procurando e foi juntando uma porção de gente atrás deles, procurando também, embora nem soubessem o quê. Em vez de caça, o que o herói achou foi uma grande confusão, porque o povo quando descobre o logro quer linchar o herói e seus irmãos. A polícia vem prender Macunaíma. Então um senhor *fez um discurso pros grilos, que eles não deviam de levar Macunaíma preso porque o herói não fizera nada. Tinha ajuntado uma porção de grilos mas nenhum não entendia o discurso porque nenhum não pescava nada de brasileiro. As mulheres choravam com dó do herói.* (p.93) O povo se agitou e o herói aproveitou a confusão que se formou para fugir e foi ver como passava o gigante. Piaimã já estava melhorando da surra. Como estava muito calor, *o gigante com a velha Ceiuci as duas filhas e a criadagem pegaram cadeiras e vieram sentar na porta da rua pra gozar a frescata.* Macunaíma encontrou o curumi Chuvisco e apostou que era capaz de assustar o gigante, mas xingou um monte de bocagem e Piaimã nem ligou. Até mandou a velha Ceiuci guardar algumas bocagens novas para as filhas brincarem. Então, Chuvisco apostou que ele, sim, ele era capaz de assustar o gigante. Macunaíma virou caxipara, macho da formiga saúva, e ficou perto do gigante só para ver. *Chuvisto amontou numa neblina e quando ia passando em riba da família deu uma mijadinha no ar. Principiou peneirando uma chuva-de-preguiça. Quando os pingos vieram caindo o gigante olhou pra um agarrado na mão dele e teve paúra de tanta água.* (p.94) E toda a família, com muito medo, correram para dentro. O herói, chateado por ter perdido a aposta, resolveu pescar, mas também a velha Ceiuci tinha ido pescar e pegou Macunaíma com uma **tarrafa**[31]. Chegando em casa a velha deixou o embrulho na sala e foi preparar o fogo, mas a filha mais nova desenrolou a tarrafa e ficou contente quando viu sair dela um moço bem do gosto. *Então a moça que estava mui bondosa porque vivia desocupada desde tempo, levou Macunaíma pro quarto e brincaram. Agora estão se rindo um pro outro.* (p.97) A velha descobre tudo e ameaça expulsar a filha de casa se não entregar Macunaíma. A moça propõe ao herói que vai lhe fazer três adivinhações e se ele

[31] Pequena rede de pesca, circular, com uma corda ao centro e chumbo nas bordas.

acertar uma delas deixará que ele fuja. A terceira era assim:

Mano, vamos fazer
Aquilo que Deus consente:
Ajuntar pêlo com pêlo,
Deixar o pelado dentro. (p.97)

Macunaíma só pensa em bobagem, mas, por um mal-entendido, a moça pensa que ele acertou e deixa que fuja. Atrás dele parte a velha Ceiuci a galope. Os dois passam pela Argentina, correm o Brasil todo e o herói só consegue escapar quando um Tuiuiú, que estava pescando, vira um aeroplano e leva o herói por diversos lugares até deixá-lo na porta da pensão. *Maanape então virou Jiguê num telefone e deu queixa pra Polícia que deportou a velha gulosa. Porém Piaimã tinha muita influência e ela voltou na companhia lírica.*

A filha expulsa corre no céu, batendo perda de déu em déu. É uma cometa. (p.100)

XII. TEQUETEQUE, CHUPINZÃO E A INJUSTIÇA DOS HOMENS

No outro dia, Macunaíma ligou para a casa do Gigante, mas ninguém atendeu. O herói ficou intrigado com isso, mas não pôde sair de casa porque estava com sarampo. Quando melhorou, descobriu que Piaimã e toda a família tinham ido para a Europa descansar da surra. O herói decide ir atrás, porque ainda tem quarenta contos do cacau vendido, mas Maanape que é feiticeiro apresenta sugestão ainda melhor: *Macunaíma finge de pianista, arranja uma pensão do Governo e vai sozinho.* (p.102) O herói acha que é melhor fingir-se de pintor e, enquanto fica esperando a nomeação, vai passear na serra da Cantareira, onde *passou perto dele um* **cotruco**[32] *andarengo muito* **marupiara**[33] *porque possuía folhinha de picapau. Macunaíma, deitado de bruços, divertia-se amassando os* **tacurus**[34] *das formigas* **tapipitingas**[35]. (p.102) O **tequeteque**[36] enganou o herói, vendendo para ele um gambá (micura) que defecava moedas. Claro que antes ele enfiara ânus a dentro as tais moedas para depois fazer demonstração para Macunaíma. Nem bem o mascate sumira, o gambá deu mostras de que queria fazer necessidade outra vez. *O herói arredondou o bolso aparando e a porcaria caiu toda ali. Então Macunaíma percebeu o logro e abriu numa gritaria desgraçada, caminho da pensão.* (p.103) Chegando em casa, uma notícia ruim, o governo não tinha liberado a verba porque havia grande número de pintores esperando para ir para a Europa. E o herói foi na praça Antônio Prado meditar sobre a injustiça dos homens. Lá viu um filhote de chupim, grandão, explorando um tico-tico, que se achava responsável por ele. Com raiva dessa injustiça, Macunaíma pegou num porrete e matou o tico-tico. O chupinzão sai atrás dele, pedindo comida. Com ódio, o herói abriu o bolso em que estava a sujeira feita pelo gambá e deu para o chupim comer.

---

[32] Vendedor ambulante de tecidos e objetos de armarinho.

[33] Palavra de origem tupi que designa pessoa feliz na caça, na pesca, no jogo e no amor.

[34] Cupins.

[35] Termo não dicionarizado, mas que sugere "espécie de formiga branca", podendo ser o próprio cupim.

[36] O mesmo que mascate ou cotruco.

Chupinzão pulou na beira do bolso e comeu tudo sem saber. (p.105) Légua e meia adiante, o herói encontrou um macaco mono que quebrava coquinho entre as pernas e comia. Macunaíma perguntou o que ele fazia e, por gozação, ele inventou que estava quebrando os próprios testículos e comendo. Deu um para o herói provar e ele gostou. Depois, quando Macunaíma pede mais, ele diz: *Agora se acabou mas si o meu era gostoso que fará os vossos! Come eles, sobrinho!* (p.105) Macunaíma pega um paralelepípedo e *juque* nos *toaliquiçus*. Seu corpo, morto, é levado para a pensão e chorado pelos irmãos. *Maanape era feiticeiro. Logo pediu de emprestado pra patroa dois cocos-da-Bahia, amarrou-os com nó-cego no lugar dos toaliquiçus amassados e assoprou fumaça de cachimbo no defunto herói. Macunaíma foi se erguendo muito desmerecido. Deram guaraná pra ele e daí a pouco matava sozinho as formigas que inda o mordiam.* (...) *Depois pediu uma centena pra Maanape e foi até um chalé jogar no bicho. De-tarde quando viram, a centena tinha dado mesmo. E assim eles viveram com os palpites do mano mais velho. Maanape era feiticeiro.* (p.106)

XIII. A PIOLHENTA DO JIGUÊ

No outro dia por causa da machucadura Macunaíma amanheceu com uma grosseira pelo corpo todo. Foram ver e era a erisipa, doença comprida. Os manos trataram dele bem e traziam diariamente pra casa todos esses remédios pra erisipela que os vizinhos e conhecidos, todos esses brasileiros aconselhavam. (p.107)

Na outra semana, o herói estava melhor e foi *na cidade buscar sarna pra se coçar.* No Anhangabaú, olhando as águas da fonte perto da estátua de Carlos Gomes, Macunaíma tem uma visagem, em que lhe aparece um grande navio, com muitas moças bonitas para ele brincar, mas na verdade era a Mãe d'Água que veio disfarçada para atentar o herói. Parte o barco soltando pela chaminé uma nuvem de pernilongos, borrachudos e outros bichos inconvenientes. Macunaíma fica a ver navios. Depois, volta para a pensão, onde tem a surpresa de descobrir que Jiguê tinha se amulherado com uma moça de nome Suzi, que possuía uns cabelos ruivos à la garçonne e tinha muitos piolhos. Claro que logo ela e Macunaíma estão enganando Jiguê, que desconfiado vigia os dois e descobre a traição e dá-lhes muita surra. Por fim, Jiguê manda a mulher embora: *Daí ela sorriu feliz. Catou sem contar todos os piolhos que restavam e eram muitos piolhos, atrelou-os a uma cadeira-de-balanço, sentou nela, os piolhos pularam e Suzi foi pro céu virada na estrela que pula. É uma zelação.* (p.111) O herói reclama do mano Jiguê para Maanape, que vai falar com o irmão. *Mas Jiguê também já vinha pra falar com Maanape. Se encontraram no corredor. Maanape contou pra Jiguê e Jiguê contou pra Maanape. Então eles verificaram que Macunaíma era muito safado e sem caráter. Voltaram pro quarto de Maanape e toparam com o herói se lastimando. Pra consolar levaram ele passear na máquina automóvel.* (p.112)

No outro dia de manhã nem bem Macunaíma abriu a janela, enxergou um passarinho verde. O herói ficou satisfeitíssimo e inda estava ficando satisfeito quando Maanape entrou no quarto contando que as máquinas jornais anunciavam a volta de Venceslau Pietro Pietra. Então Macunaíma resolveu não ter mais contemplação com o gigante e matá-lo. Saiu da cidade e foi no mato Fulano experimentar força. Campeou légua e meia e afinal topou com uma peroba com a sapopemba do tamanho dum bonde. "Esta serve ele fez. Enfiou o braço na sapopemba, deu arranco e o pau saiu da terra não deixando nem sinal. 'Agora sim que tenho força!' Macunaíma exclamou. Tornou a ficar satisfeito e voltou pra cidade. Porém não podia nem andar porque estava cheio de carrapatos. Macunaíma com muita pachorra falou pra eles:

– Ara, carrapatos! vão embora, pessoal. Não devo nada pra vocês não!

Então a carrapatada caiu no chão por encanto e foi-se embora. Carrapato já foi gente que nem nós... Uma feita botou uma vendinha na beira da estrada e fazia muitos negócios porque não se incomodava de vender fiado. Tanto fiou tanto fiou, tanto brasileiro não pagou que afinal carrapato quebrou e foi posto pra fora da vendinha. Ele agarra tanto na gente porque está cobrando as contas. (p.113) Quando o herói chegou na cidade, já estava escuro, mas mesmo assim ele foi tocaiar a casa do gigante. Ele luta com o sono e decide que vai matar o Emoron-Pódole, isto é, o Pai do Sono, mas é enganado por ele, que foge. "*Por isso que o Pai do Sono inda existe e os homens por castigo não podem dormir em pé.* (p.114) Macunaíma ia ficar desapontado com o sucedido, mas logo chamou sua atenção um motorista de táxi que fazia acenos do outro lado do córrego. O herói ficou tiririca, pensando que o chofer estava pensando que ele era francesa, mas os sinais eram para uma criadinha de vestido amarelo que ia atravessando o córrego pela ponte feita de pau. *Depois dela passar o herói gritou pra pinguela:*

– Viu alguma coisa, pau?

– Vi a graça dela!

– Quá! quá! quá quáquá!...

Macunaíma deu uma grande gargalhada. Então seguiu atrás do par. (p.114) Depois de praticar voyeurismo, Macunaíma vai conversar com eles e conta para o motorista o caso que mostra que o automóvel, antes de ser máquina, era a onça parda. Quando o herói termina a história, ouvem uma barulhada.*Então lá na porta da casa uma onça fiate abriu a goela e urrou pra lua: Baúa, Baúa!.* (p.114)

O gigante leva o motorista dependurado nos buracos de brinco que tem na orelha, depois coloca-o num balanço de cipó espinhento e vai balançando. Os espinhos furam a carne do moço e vai pingando sangue na macarronada que está sendo feita num tacho pela caapora companheira do gigante. Depois, o gigante deu um empurrão mais forte e o rapaz caiu no molho da macarronada. Em seguida, Piaimã tentou fazer o mesmo com o herói, que espertamente disse que só ia no balanço se o gigante fosse primeiro. Ele foi e Macunaíma balançou até o gigante ficar tonto e cair na macarronada cantando: *Lem lem lem... si desta escapar, nunca mais como ninguém!.* (p.120) Antes de morrer, o gigante ainda gritou que estava faltando queijo na macarronada. O herói recuperou a muiraquitã e voltou para a pensão chorando: *Muiraquitã, muiraquitã de minha bela, vejo você mas não vejo ela!...* (p.120)

XV. A PACUERA DE OIBÊ

Então os três manos voltaram pra querência deles. (p.121) Macunaíma, ao partir, olhando para a cidade, do pico do Jaraguá, murmurou: *Pouca saúde e muita saúva, os males do Brasil são... .*

O herói parte levando o que comprara na grande cidade, o revólver Smith-Wesson e o relógio Patek, que lhe servem de brincos. Na mão, conduz uma gaiola com um casal de galinha Legorne. Por isso, ficou sem um tostão, mas levava no beiço furado a muiraquitã. No meio da viagem, Macunaíma entrou num bambuzal e voltou de lá com a linda Iriqui, *companheira dele que já fora companheira de Jiguê e esperava se enfeitando e coçando* **mucuim**[37] *assentada nas raízes da samaúma. Os dois se festejaram, muito brincaram e vieram pra igarité.* (p.123) Em seu retorno, Macunaíma mata o monstro Pondê, livra-se do monstro Mapinguari que costuma fazer mal para as moças, mas passa maus bocados por causa do minhocão, o monstro Oibê, que o perseguiu por toda parte até que o herói se escondeu no buraco de uma sapopemba de um caramboleiro. Aí, o herói transformou o caramboleiro em uma princesa. Oibê colocou uma garça para vigiar. Macunaíma enganou-a: *Então sua palerma, é assim que se bota sentido num herói! Fique bem perto arregalando os olhos.* A bobona fez, ele tacou formigas-de-fogo nos olhos dela e fugiu. O herói desceu o rio brincando com a princesa até encontrar seus irmãos. Iriqui ficou muito enciumada e abriu o berreiro, sensibilizando até Jiguê, mas não tocou Macunaíma, que exclamou: *Sol de inverno chuva de verão choro de mulher palavra de ladrão, eieiei... ninguém não caia não!*

E foi brincar com a princesa. Iriqui ficou triste triste, bem triste, chamou seis araras canindés e subiu com elas pro céu, chorando luz virada numa estrela. As canindés amarelinhas também viraram estrelas. É o Setestrelo. (p.128)

XVI. URARICOERA

No outro dia, Macunaíma amanheceu com tosse e febre. Era impaludismo e laringite que toda a gente de São Paulo carrega. Finalmente, chega o herói ao rio Uraricoera e reconhece a maloca em que vivera. Macunaíma chorou quando viu que, como a maloca estava velha e abandonada, era apenas uma tapera. O herói encontrou João Ramalho, que parte com sua família de mudança buscando novo lugar sem ninguém.

---

[37] Ácaro também conhecido como carrapato-pólvora.

O herói e seus companheiros passam fome. Jiguê viu o feiticeiro Tzaló, que tem uma perna só, pegar muito peixe com uma cabaça encantada. Jiguê roubou a cabaça, também pescou muito e levou para casa. Macunaíma descobriu, resolveu fazer igual, mas perdeu a cabaça. Jiguê viu o tatu-canastra feiceiro chamado Caicãe, que nunca teve mãe, tocar uma violinha feita de abóbora e atrair muita caça. Jiguê passou a mão na violinha, fez igual e levou muita comida para casa. Macunaíma descobriu, resolveu fazer igual e perdeu a violinha, deixando Jiguê furioso: *Agora que não caço nem pesco mais.* O herói se vingou, criando um anzol com dente de cobra que picou a mão do mano e foi apodrecendo tudo. *Só ficou a sombra do Jiguê*, que montou nas costas de Macunaíma e comia tudo que ele pegava, deixando o herói morto de fome. Macunaíma assustou um boi que fugiu em desabalada carreira. A sombra pensou que era o herói e montou no boi, que, coitado, acabou morrendo de fome. Todos que iam ver o boi, cantavam uns versinhos:

O meu boi morreu,
que será de mim?
Manda buscar outro,
– Maninha,
Lá no Bom jardim... (p.135)

E foi assim que nasceu a famosa festa do Bumba-meu-Boi, também chamada Boi-Bumbá.

XVII. URSA MAIOR

Macunaíma está completamente só. Os irmãos partiram transformados na cabeça esquerda do urubu-ruxama. Não há cunhãs para o herói brincar. A maloca está caindo, por isso o herói amarra uma rede em dois cajueiros que há perto e passa o tempo todo deitado. Então, quando não está dormindo, fica contando suas aventura para um papagaio. Certo dia, o papagaio reclama da estrela Vésper, a Papaceia, que vem interromper os casos, mostrando que é hora de dormir. O herói explica que Vésper é Taína-Cã, muito bom, porque manda Emoron-Pódole, o sono, para dar sossego a todas as coisas do mundo. Conta que Taína-Cã casou com Denaquê, índia carajá e foi ele que trouxe para os carajás o milho, o fumo e a mandioca. Antes, os carajás viviam só da caça.

Uma feita janeiro chegado Macunaíma acordou tarde e resolveu tomar banho num lagoão. Lá chegando, viu uma cunhã lindíssima, que era, na verdade, a Uiara, mandada por Vei para pegar o herói. Macunaíma punha o dedo na água e não entrava porque estava fria. Vei produziu um calorão que obrigou o herói a mergulhar, quando ele voltou à tona percebia-se que brigara muito lá no fundo. Estava sangrando por causa das mordidas que tinha em todo o corpo. Faltavam as orelhas, o nariz, os dedões e a perna esquerda. Chateado, o herói resolve ir par o céu. Passa na lua, Capei, que não quis dar pensão para ele. Então, o herói deu muitos socos na cara dela, por isso que ela tem aquelas manchas escuras. Depois, foi bater na casa de Pauí-Pódole, que teve dó do herói e fez uma feitiçaria, transformando Macunaíma e suas coisas: galo, galinha, gaiola, revólver, relógio, tudo junto numa constelação nova. É a constelação da Ursa Maior. *A Ursa Maior é Macunaíma. É mesmo o herói capenga que de tanto penar na terra sem saúde e com muita saúva, se aborreceu de tudo, foi-se embora e banza solitário no campo vasto do céu.* (p.145)

EPÍLOGO

Acabou-se a história. Acabou-se o povo de Macunaíma. Tudo está deserto. *Um silêncio imenso dormia à beira-rio do Uraricoera. Nisso, veio um homem, que encontrou o papagaio verde de bico dourado. Era um daqueles que formava o séquito quando Macunaíma ainda era o Imperador do Mato Virgem. E só o papagaio no silêncio preservava do esquecimento não só os casos mas também a fala desaparecida daquela tribo. Só ele conservava as frases e os feitos do herói.*

Tudo ele contou pro homem e depois abriu asa rumo de Lisboa. E o homem sou eu, minha gente, e eu fiquei pra vos contar a história. Por isso que vim aqui. Me acocorei em riba destas folhas, catei meus carrapatos, ponteei na violinha e em toque rasgado botei a boca no mundo cantando na fala impura as frases e os casos de Macunaíma, herói de nossa gente.

Tem mais não." (p.148)

V - ESTRUTURA DA OBRA

Tempo: A obra está dividida em 17 capítulos e um epílogo, apresentando um tempo mítico e indeterminado, mas dando uma impressão de linearidade, ambos reforçados pela repetição sistemática de "no outro dia", sem que se determine qualquer um desses dias.

Espaço: O espaço é o Brasil de ponta a ponta, com destaque para o Norte, em que nasce o herói; São Paulo, onde luta contra o gigante, a poluição e o progresso; mas também merecem atenção a região nordestina e a cidade do Rio de Janeiro.

Foco narrativo: O narrador relata os fatos empregando foco narrativo em terceira pessoa, mas no epílogo assume sua própria voz em primeira pessoa: *Tudo ele* (papagaio) *contou pro homem e depois abriu asa rumo de Lisboa. E o homem sou eu, minha gente, e **eu** fiquei pra vos contar a história.*

Personagens

Macunaíma, herói sem nenhum caráter, protagonista da história, que lembra um pouco seu ancestral literário, o pícaro Leonardinho de *Memórias de um sargento de milícias.* Assim, Macunaíma é preguiçoso, arma traquinagem contra todo mundo, mas capta sempre a simpatia de várias outras personagens (notadamente as cunhãs, com quem brinca muito) e principalmente dos leitores. Macunaíma vai para o céu e se transforma, com suas coisas, na constelação Ursa Maior.

Jiguê, irmão que está na força de homem, mas tonto o suficiente para Macunaíma estar sempre lhe passando a perna e, principalmente, roubando suas mulheres. Jiguê fica mulato, cor de bronze, quando toma banho na água milagrosa.

Maanape, irmão já velhinho, mas feiticeiro, esperto. É ele quem consegue converter o cacau em dinheiro na Bolsa de Mercadorias.

Ci, cognominada Mãe do Mato, uma amazona, como indica o fato de só ter um seio (o outro fora arrancado), que tanto gosta de guerrear quanto de fazer amor, chegando a exaurir Macunaíma, que até dorme no meio da relação. Ci sobe para o céu e vira a estrela Beta do Centauro.

Venceslau Pietro Pietra, é o gigante Piaimã, de pés virados para trás (Caipora), disfarçado de comerciante peruano com grandes bigodes, mas não consegue enganar o herói, que lhe dá fim, afogando-o numa macarronada. Mas o antagonista morre com graça, dizendo que está faltando queijo.

Sofará, mulher de Jiguê, ainda nos tempos da infância de Macunaíma, às margens do Uraricoera. Era ela que levava o menino para passear no mato e voltava cansada, dizendo que era de carregar o piá nas costas. Até que não era uma mentira tão grande.

Iriqui, outra mulher de Jiguê, conseguida em São Paulo. Era linda e gostava muito de se pintar. Também brincava com o herói, fazendo Jiguê de bobo. Abandonada por Macunaíma, sobe para o céu com seis araras e se transforma no Setestrelo.

VI – ESTILO DE ÉPOCA E ESTILO INDIVIDUAL

Entre as principais características da fase heróica do Modernismo, também chamada Geração de 22, encontramos a rebeldia contra os padrões ultrapassados, buscando em troca a liberdade de criação e de expressão. É o que normalmente se chama experimentalismo, direito à pesquisa estética. Mário dá exemplo disso com sua obra *Macunaíma*, que foge a todo e qualquer padrão, procurando novas formas de narrar.

A procura de uma linguagem coloquial, mais brasileira e menos européia foi, talvez, o mais defendido escopo da literatura modernista e Mário foi radical não só em buscar um registro de como falamos, mas em ridicularizar caricaturalmente a linguagem pedante, erudita, como fez no capítulo Carta pras Icamiabas.

Os escritores modernos procuraram romper com os limites entre prosa e poesia e com os limites entre os gêneros literários. Assim, Mário inseriu lirismo em seu texto e evitou empregar a estrutura típica do romance, tanto que procurou uma denominação nova e mais adequada, encontrando, depois de certo tempo, o nome "rapsódia", que nos parece bem apropriado por sugerir a idéia de colagem de lendas, contos, provérbios, ditados, da cultura popular, proveniente das três culturas (européia, africana, indígena) que nos moldaram. Nessa postura, encontramos dois outros traços estéticos da modernidade: o nacionalismo e a busca da cultura popular.

Para encerrar, devemos acrescentar que os modernos irromperam contra aquela postura empertigada de seriedade, como se a literatura precisasse sempre estar de terno e gravata. Valorizaram, em contrapartida, o humor e buscaram a carnavalização, ou seja, a brincadeira, a paródia.

Que é a história do herói sem caráter se não uma divertida brincadeira? Nela tudo é possível. Exemplo disso é o fato de Macunaíma topar com o bandeirante João Ramalho e com o padre Bartolomeu de Gusmão, que viveu no final do século XVII e início do XVIII. Como buscar seriedade numa história em que o preto fica loiro e transforma o irmão em telefone? O leitor tem mais é que dar risadas do começo ao fim, como se estivesse lendo um conto de fadas moderno, um tanto quanto invertido, com um herói que apanha, é enganado, mas não perde o bom humor.

Compactuando com as propostas estéticas modernistas que defendiam a elevação da língua falada à condição de língua literária, Mário utiliza uma linguagem simples, tanto do ponto de vista sintático quanto morfológico, adotando muitas palavras e torneios sintáticos comuns na fala popular. Veja estes exemplos: "corgo" (córrego), "tiririca" (irritado), "dá caminho pra mim passar", "vagamundou de déu em déu" (vaguear de porta em porta). Outro procedimento seu, que hoje revela-se já ultrapassado, é o registro escrito da pronúncia comum na fala, como "si", "quasi" e "milhor" e "viado" para "se", "quase", "melhor" e "veado". Não podemos deixar de dizer que é também comum nos modernos como Oswald e Mário o emprego de neologismos. Aqui vão alguns exemplos extraídos de *Macunaíma*: "pulapulando", "cantacantando", "nalachitchi" "juque", "toaliquiçus".

A abordagem de assuntos e temas extraídos do banal cotidiano moderno está perfeitamente inserida na postura modernista. O que podemos acrescentar é que, em *Macunaíma*, Mário vale-se de tal técnica, mas com muito humor, com muita graça, revelando um espírito nacional, popular, contaminado pelo fantástico maravilhoso das primitivas culturas indígenas.

VII – SÍNTESE DO ENREDO

Macunaíma, como todo herói mítico, passa por nascimento, provação, tarefas e morte. Nosso herói nasce na Amazônia, no seio da tribo Tapanhumas. Nasce preto como a noite e não fala até os seis anos. A primeira coisa que diz é *Ai que preguiça!* e desde pequeno fez coisas de *sarapantar*, sendo a principal delas tomar a companheira do mano Jiguê.

O herói une-se a Ci, Mãe do Mato, e torna-se Imperador do Mato Virgem. Quando Ci perde o filho, fica muito triste e vai para o céu, tornando-se uma estrela. Antes de partir, dá ao herói uma muiraquitã com formato de jacaré. Numa luta com a grande cobra, o herói perde a pedra, que vai parar na mão do gigante Piaimã, que vive em São Paulo. Macunaíma sente-se no dever de lutar por sua pedra e parte em perseguição do gigante. Depois de muitas peripécias, brincadeiras, enganações, o herói recupera a pedra e volta para sua terra, onde não encontra mais ninguém. Macunaíma conta suas aventuras para um papagaio e depois sobe para o céu, sendo transformado na constelação da Ursa Maior.

VIII - PRINCIPAIS TEMAS

Mário, para criar seu personagem Macunaíma, valeu-se de um herói de uma tribo amazônica, misturando-o a outros também de origem indígena e dando-lhe uma roupagem picaresca. O livro é um quadro cubista, caleidoscópico, ou uma verdadeira colcha de retalhos em que se somam várias lendas indígenas, principalmente as amazônicas recolhidas pelo etnólogo alemão Koxh-Grünbert, costumes da vida brasileira cotidiana, ditados e provérbios populares, adivinhações e tradições diversas. Tudo isso, desenrolando-se num tempo e espaço arbitrários, unificados e admitidos pelo caráter mágico, fantástico. O elemento sobrenatural ou maravilhoso é apresentado como algo banal, corriqueiro, sem precisar qualquer explicação, sem despertar qualquer dúvida nas personagens ou no narrador. Portanto, ao leitor, só cabe aceitar como se estivesse lendo uma história da carochinha.

Entre a temática fundamental podemos dizer que está a da valorização da esperteza e a consciência de que não há pecado ao sul do Equador, tudo está certo quando acaba bem. O próprio antagonista, Piaimã, não reclama quando cai na macarronada. Assume a sua derrota com humor, avisando que está faltando queijo no molho da macarronada em que se está afogando. Perpassa por toda a obra, tanto implícita quanto metalingüísticamente, a defesa de uma linguagem escrita mais descontraída, mais próxima da fala popular brasileira. Exemplo disso é o momento em que os policiais ("grilos") não entendem o que os populares falam porque eles só falam língua estrangeira. Outros temas que podem ser mencionados é a crítica à desumanização provocada pelo progresso mecânico e à vida sem sentido da grande cidade, prejudicando a saúde física e emocional.

BIBLIOGRAFIA CONSULTADA

Andrade, Mário de. *Macunaíma.* RJ: LTC S.A., 1978. (Utilizado para citação)

Andrade, Mário de. *Macunaíma.* BH: Livraria Martins e Editora Itatiaia, 1980.

Candido, Antonio e Castello, J. Aderaldo. *Presença da Literatura Brasileira.*SP: Difusão Européia do Livro, 1968.

EXERCÍCIOS

Leia a estrofe seguinte e responda ao que se pede:

"A que novos desastres determinas
de levar estes Reinos e esta gente
Que perigos, que mortes lhe destinas,
Debaixo dalgum nome preminente
Que promessas de reinos e de minas
de ouro, que lhe farás tão facilmente?
Que famas lhe prometerás? Que histórias?
Que triunfos? Que palmas? Que vitórias?"

1. Do ponto de vista da estruturação como se denomina essa estrofe ou estância?
a) Soneto
b) Redondilha menor
c) Redondilha maior
d) Oitava-rima
e) Nenhuma das anteriores

2. Se levarmos em conta que o emissor (primeira pessoa do processo de comunicação) da mensagem é o velho do Restelo, quem é o receptor ou destinatário a quem ele se dirige?
a) Vasco da Gama
b) O rei de Portugal
c) Camões
d) A todos os marinheiros
e) "Ao supremo senhor que a celeste Corte sustenta com a vista soberana"

3. Sabendo-se que o velho do Restelo é contra a expansão marítima, qual alternativa contém o verso que melhor traduz essa sua posição?
a) "Que triunfos? Que palmas? Que vitórias?"
b) "De levar estes Reinos e esta gente"
c) "Que perigos, que mortes lhe destinas"
d) "Debaixo dalgum nome preminente"
e) "Que promessas de reinos e de minas"

4. (PUC 2002) Das alternativas abaixo, indique a que NÃO condiz com as características presentes em *Libertinagem*, obra de Manuel Bandeira.
a) Poesia marcada por biografismo e história de vida.
b) Presença de forte dicção parnasiano-simbolista caracterizada por rigor formal.
c) Obra de experimentação, caracterizada por liberdade vital e estética.
d) Interiorização cada vez mais profunda dos vultos familiares.
e) Registro de imagens brasileiras presentes em poemas como Evocação de Recife e Cunhantã.

5. (PUC 2002) A obra *O primo Basílio*, escrita por Eça de Queiroz em 1878, é considerada uma das mais representativas do romance realista português. Indique a alternativa abaixo que NÃO confirma o conteúdo desse romance.

a) Romance de tese, apresenta os mecanismos do casamento e analisa o comportamento da pequena burguesia de Lisboa.
b) Luísa, personagem central do romance, é caracterizada como uma mulher romântica, sonhadora e frágil, comportamento esse que a predispõe ao adultério.
c) O narrador do romance aproxima-se bastante do modelo proposto pela literatura realista, que se caracteriza pela objetividade e pelo senso da minúcia.
d) Entre as diferentes personagens que se movem na narrativa, está o Conselheiro Acácio, homem de caráter marcado por sagacidade, espírito crítico, franqueza e originalidade.
e) Basílio, personagem que dá título ao romance, não se compromete nem se envolve emocionalmente; apenas busca na aventura amorosa uma maneira agradável de ocupar o tempo.

"Tu, só tu, puro amor, com força crua,
Que os corações humanos tanto obriga,
Deste causa à molesta morte sua,
Como se fora pérfida inimiga.
Se dizem fero Amor, que a sede tua
Nem com lágrimas tristes se mitiga,
É porque queres, áspero e tirano,
Tuas aras banhar em sangue humano."

6. Os versos acima integram a obra *Os Lusíadas*, de Camões. Da leitura deles podemos depreender que:

a) São versos líricos que empanam o brilho da obra, já que Camões pretendia fazer um poema épico.
b) Quem faz essa apóstrofe é Inês de Castro, aborrecida com sua iminente execução.
c) Essa invocação e ao mesmo tempo protesto é pronunciada pelo narrador, que atira toda a culpa da morte de Inês à divindade pagã do amor, Cupido.
d) A palavra "aras" que aparece no último verso refere-se às setas despedidas por cupido contra os corações humanos.
e) Essa estrofe foi extraída do episódio de O velho do Restelo.

7. Das alternativas abaixo, indique a que CONTRARIA as características mais significativas do romance *Macunaíma*, de Mário de Andrade.

a) Rebeldia contra os padrões ultrapassados, buscando em troca a liberdade de criação e de expressão.
b) Experimentalismo, direito à pesquisa estética.
c) Procura de uma linguagem coloquial, mais brasileira e menos européia.

d) Ridiculariza caricaturalmente a linguagem pedante, erudita, como no capítulo Carta pras Icamiabas.
e) Abomina o humor e a carnavalização, ou seja, a brincadeira, a paródia.

8. A obra *Iracema*, de José de Alencar, foi escrita em 1865. Dessa obra, como um todo, é possível afirmar que:
a) O protagonista Martim Soares Moreno é personagem ficcional, fruto da pura imaginação do autor.
b) O protagonista já se aproxima das personagens da estética realista pois não é um herói de traços exemplares, por que provoca a morte da amada.
c) Iracema, a virgem dos lábios de mel, foi personagem histórica importantíssima na luta pela expulsão dos invasores.
d) A linguagem empregada por Alencar é de um tratamento estilístico tão belo e requintado que costuma ser classificada como prosa poética.
e) Iracema não poderia ter consumado fisicamente seu amor por Martim por causa do preconceito de raça que havia entre os índios.

9. (PUC 2002) A obra *A hora da estrela*, de Clarice Lispector marca-se pela depuração da arte de escrever e dialoga com todo o universo ficcional da autora. Despontam nela as perplexidades da narrativa moderna. Indique a alternativa que NÃO condiz com esse romance entendido como um todo.
a) A história são as fracas aventuras de uma moça alagoana, "numa cidade toda feita contra ela", o Rio de Janeiro.
b) Macabéa, personagem do romance, tem a coragem e o heróismo dos fortes e se torna, na vida, a grande estrela com que sempre sonhou.
c) A estrela que dá título à obra é a estrela de cinema e só aparece mesmo na hora da morte.
d) A narrativa constrói-se da alternância entre as reflexões do narrador que parece narrar a si mesmo e os fatos apresentados que dão o retrato da protagonista.
e) O espaço da ação é o social-urbano, mas restrito à "Rua do Acre para morar" e à "Rua do Lavradio para trabalhar".

10. Considere as seguintes afirmações sobre a fala do velho do Restelo, em *Os Lusíadas*:
I - No seu teor de crítica às navegações e conquistas, encontra-se refletida e sintetizada a experiência das perdas que causaram, experiência esta já acumulada na época em que o poema foi escrito.
II - As críticas aí dirigidas às grandes navegações e às conquistas são relativizadas pelo pouco crédito atribuído a seu emissor, já velho e com um "saber só de experiências feito".
III - A condenação enfática que aí se faz à empresa das navegações e conquistas revela que Camões teve duas atitudes em relação a ela: tanto criticou o feito quanto o exaltou.

Está correto apenas o que se afirma em

a) I
b) II
c) III
d) I e II
e) I e III

Iracema faz parte da tríade indianista de José de Alencar, juntamente com outros dois romances:

11. Quais?..

12. Cada um desses romances teria uma finalidade histórica. Qual teria sido a intenção do autor com *Iracema*?

....

13. (Fuvest 89) "O primeiro cearense, ainda no berço, emigrava da terra da pátria. Havia aí a predestinação de uma raça?" Eis aí uma reflexão sob a forma de pergunta que o autor, ..., faz a si mesmo – com toda propriedade, e por motivos que podemos interpretar como pessoais – ao finalizar o romance . . . .

Assinale a alternativa que completa os espaços.

a) José Lins do Rego - *Menino de Engenho*
b) José de Alencar - *Iracema*
c) Graciliano Ramos - *São Bernardo*
d) Aluísio Azevedo - *O Mulato*
e) Graciliano Ramos - *Vidas Secas*

14. Quando Inês de Castro menciona ao rei a lenda de que Semirâmis foi salva por aves de rapina e se refere à história de Rômulo e Remo que teriam sido amamentados por uma loba, ela o faz com um propósito bem definido. Qual é esse propósito? Explique.

....

15. Identifique a afirmação correta sobre a epopéia camoniana.

a) É um texto essencialmente épico, sem qualquer presença ou traço de lirismo.
b) É um poema esteticamente imperfeito porque Camões é politicamente incorreto, já que conta a História de Portugal apenas do ponto de vista da nobreza.
c) É um texto original, sem qualquer imitação de Virgílio, como tentaram afirmar alguns críticos.
d) Elementos da cultura cristã aparecem estética e ecleticamente combinados com outros provenientes da cultura pagã da Antigüidade, numa espécie de fusionismo.
e) Os sonetos que o compõem são construídos em versos decassílabos clássicos, com predomínio do ritmo heróico sobre o sáfico.

RESPOSTAS

1. d
2. a
3. c
4. b
5. d
6. c
7. e
8. d
9. b
10. a *
11. *O Guarani* e *Ubirajara.*
12. Criar a lenda de origem do Ceará. Podemos também inferir, pelo enredo e pelo fato de o nome da protagonista ser um anagrama de América, que a obra discute a problemática da colonização e do mal que o europeu fez ao povo ameríndio.
13. b
14. O propósito é sensibilizar o rei Afonso com a figura de seus filhos ainda crianças. Se até os animais selvagens tiveram pena de crianças, logo o rei, por mais cruel que fosse, também deveria se compadecer delas. Isso, no entanto, não funcionou pois Inês foi degolada assim mesmo.
15. d

*

(Gabarito da Fuvest deu "e" como resposta. Julgamos que "a" deveria ser a resposta correta.
A afirmação I está correta, porque a fala do Velho, ao condenar a viagem de Vasco da Gama como causa de desastres para Portugal, pode ser interpretada como uma profecia de aspectos negativos que acontecem no futuro, após a viagem do Gama, mas anteriores à redação do poema.
A afirmação II está errada, porque coloca como algo negativo a idade e a experiência do Velho, sendo que o texto apresenta isso como qualidade, para conferir valor e seriedade às ameaças do velho.
A afirmação III foi considerada correta pela banca examinadora, mas apresenta impropriedade, por exemplo, quando afirma que "Camões teve duas atitudes em relação" às navegações.)

Impresso em off set

BOOK RJ
GRÁFICA & EDITORA

Rua. Clark, 136 - Moóca
03167-070 - São Paulo - SP
Fonefax: 6605-7344
E-MAIL - bookrj@terra.com.br

com filmes fornecidos pelo editor